# 红色记忆® 5

## 抗日英雄三姐妹

海南省文化交流促进会　编

南海出版公司

2011·海口

**图书在版编目（CIP）数据**

红色记忆·第1辑·5 / 海南省文化交流促进会编．
—海口：南海出版公司，2011.6（2025.1 重印）
ISBN 978-7-5442-5486-1

Ⅰ．①红… Ⅱ．①海… Ⅲ．①革命传统教育－中国－
青年读物②革命传统教育－中国－少年读物 Ⅳ．① D642-49

中国版本图书馆 CIP 数据核字（2011）第 117787 号

HONGSE JIYI · DI 1 JI · 5

**红色记忆·第1辑·5**

---

**作　　者**　海南省文化交流促进会
**总 策 划**　刘　栋
**顾　　问**　贾延岩
**执行总编**　任在齐　张　桐　张爱国
**责任编辑**　聂　敏
**封面设计**　郑广明
**排版印务**　冉苗俊　童　闪
**发行总监**　杨成春
**出版发行**　南海出版公司　电话：（0898）66568508　66568511
**社　　址**　海南省海口市海秀中路 51 号星华大厦五楼　邮编：570206
**电子信箱**　nhpublishing@163.com
**经　　销**　新华书店
**印　　刷**　天津睿意佳彩印刷有限公司
**开　　本**　787 毫米 ×1092 毫米　1/16
**印　　张**　6.25
**字　　数**　100 千字
**版　　次**　2011 年 6 月第 1 版　2025 年 1 月第 2 次印刷
**书　　号**　ISBN 978-7-5442-5486-1
**定　　价**　39.80 元

---

# 序

对历史无知的人，没有真正的信仰可言；没有信仰的人，不可能拥有美好的理想，不可能胸怀崇高的情感，也就不可能担负起任何责任。用欲望文化代替历史教育，足以使一个国家的青年被腐蚀、使一个民族的希望被毁掉，使这个国家和民族被永世万代地奴役！

鉴于此，我们呼唤历史，唤回那段属于二十世纪的“红色”历史，唤回那段炮火硝烟、颠沛流离的历史，唤回那冲天的狼烟留下的悲壮回忆、岁月年轮沉淀的斑驳痕迹。历史不应该被忽略，更不应该被遗忘，牢记那段革命战争年代的红色历史更是责任。为了那些不应该被忘却的记忆，为了那些不应该被丢弃的信念，于是就有了这套《红色记忆》丛书。

曾记否，当草鞋与意志丈量出来的两万五千里穿越一个伟大民族五千年的荣辱兴衰，革命的火种被一路播撒、一路点燃。人迹罕至的雪山、荒无人烟的草地被鲜血浸透，衬映出一段光辉的里程；万水千山早已被远远地抛在身后，一轮红日在黄土高原磅礴而起。满目疮痍的河山在1936年10月温暖如春……

曾记否，当生命和鲜血浸染的十几年光阴将一种记忆铭刻进一个伟大民族的历史画卷，革命的火焰从星火到燎原。这栏杆拍遍、易水悲歌般的呼号，这折戟沉沙、慷慨赴义的悲壮，这铁马冰河、枕戈待旦的苦战，这红旗漫卷、所向披靡的豪迈……腔腔热血、铮铮铁骨早已被熔铸成一座不朽的丰碑，中华民族从苦难中百死后生的壮丽诗史凝结成了五星闪耀的红色记忆。

曾记否，中华人民共和国成立以来，又有无数英烈接过前辈用鲜血染红的旗帜，或壮怀激烈戍边卫国，或忠于职守鞠躬尽瘁，或绝甘分少奉献大爱，甘做国家强盛、人民富裕的铺路石，成为和平年代民族复兴的荣光，把人民心中的红色记忆浸染得分外鲜艳，永不褪色。

这红色记忆，是信念不衰、志向不改的崇高气节；这红色记忆，是无私无我、生属苍生的博大胸怀；这红色记忆，是敢为人先、披荆斩棘的拓荒精神；这红色记忆，是中华民族最宝贵的精神财富。它告诫我们，人事有代谢，传承无绝期。缅怀先烈精神，继承先烈遗志，是社会的道德和民族的良心，是后来者须臾不可忘怀的本分。

老一代人把历史的真实交付给我们，我们有责任用真实还原历史，传承给下一代，把那段岁月与现在年轻人的生活连接到一起，使他们眼中的历史变得立体、真实、可靠，让历史成为他们前进的动力。本丛书将那些流动的、随时会飘散在时间天际的事件凝固下来，希望透过这些文字、图片，感受到英雄们那坚定的革命信念，感受到那个年代澎湃的革命激情，真切体会那段“红色历史”。

忘记历史，就意味着背叛。让我们重温历史，缅怀先烈，从中汲取力量，毅然前行。

刘栋

# 目录

# 目录

# 在天龙山上的团训班里

文 / 胡福妹

在江西省永新县西北边境，有一座连绵几十里的大山，就像一条昂头摆尾、直冲云天的青龙。这就是毛泽东同志在《井冈山的斗争》一文中多次提到的天龙山区。它是井冈山革命根据地的一个重要组成部分，当时是党、团永新县西北特委的所在地。1928 年，为了适应革命斗争的需要，共青团西北特委在天龙山举办了团务训练班。我是参加者之一。回想起团训班的情景，至今还使我激动不已。

我家住在离天龙山二十来里的北乡胡家村。1929 年，我们家乡还处在国民党军统治下。我秘密加入了共青团。我们的组织纪律很严，入团时就有一句“严守秘密”的誓言，不能把入团的事告诉任何人，连父母亲都要瞒住。目的是保守革命秘密，防止消息被泄露，敌人来破坏革命。

阳春三月的一个清晨，天蒙蒙亮。突然，我家蹿进来两个便衣打扮、手持短枪的大汉。他们二话没说，就把我绑起来。那时我才十六岁，又是个女孩子，这可把我一家人吓坏了！妹妹抱住我的脚不放，妈妈跪在地上求情。那俩人不但没放我，还把同村的两个团员黄贞云、胡风桂也抓了起来。在一片父母家人的哀哭声中，我们被强行押出了村庄。

那两个人押着我们往天龙山方向走去，一路上推推搡搡，骂骂咧咧。我一边走，一边想：他们是什么人？抓我们去干什么？是不是要我们带路，去天龙山搜共产党呢？如果是这样，我只有跟他们拼了！我暗暗下定了决心。

不知不觉走到花溪村。这里离天龙山不远，是共产党领导的红色区域。我正要反抗，两个大汉忽然笑起来，忙不迭地为我们松了绑，又把情由告诉我们：原来西北特委抽调我们参加团训班，为了不暴露我们的身份，以便结业后仍然回村去开展工作，特委就用了这个“苦肉计”，派王乃和曾坚同志把我们绑来了。知道了原委，原来之前的防备全没有了。

团训班设在天龙山区里的龙头山上。山顶古树参天，遮天蔽日。山下有条龙魔溪，水深流急。山前是十几丈高的悬崖峭壁，山后群峰起伏，连绵不断，只有山左边一条崎岖小道可以上山。站在山头上，可以看住进山的唯一小道。守住山口，敌人便难以上山。万一遇到紧急情况，还可以钻进后山去躲藏，这里的确是个万无一失的好地方。龙头山顶上有个庵，我们去后，就在大厅里，架起了一排排松木板，这就是我们的课堂。

这期团训班一共有六十多名学员。天龙山区的团员比较多，还有一些游击队里的团员，其余的都是西北两乡的秘密团员。女同志只有我、龙细莲、李冬妹、陈秀兰四人。学员都是十六七岁到二十来岁的青少年，大都识字。

我们的老师是贺可展、刘志高、龙贻奎等党、团西北特委的领导同志。他们都是大革命时期参加革命的知识青年，文化水平很高，说起话来也很有水准。他们每人每天轮流讲两个小时课。他们给我们讲《共产主义ABC》《社会发展史》《共青团章程》《共青团基本知识》；讲授革命常识，如巴黎公社、俄国十月革命、苏联、马克思、列宁等。甚至还给我们传授具体的工作方法，如怎样宣传、怎样开会、怎样作报告等等。我记得《社会发展史》是刘志高老师讲的。他一开始就跟我们这样讲：“马克思、列宁先生，最主张共产主义，自从苏俄十月革命成功……先要说共产主义怎样产生……”老师从原始社会讲到奴隶社会，从奴隶社会讲到封建社会……讲到共产主义社会时，老师说：“到时犁耙铲锹丢在外面没人要。”我说：“我不信。现在有根好牛鞭留在外面都会被人拿走呢。”老师说：“那时候要用机器种田，还要这些农具做什么？”又说以后还要用无线电听戏，用汽车代步，大家都读高中、读大学，田地归公、粮食归仓、按劳取酬……我们听得入了迷。社会主义、共产主义真把我们吸引住了。

我们的学习条件很差，一个人只发一本油印课本，纸张笔墨都很缺。学习主要靠耳朵听，脑子记。我只上过几个月夜校，文化水平很低。老师和同志们专门为我在庵后的树底下辟了一块平地，用树枝把我不会的字、不懂的词工工整整地写在地上，一有空便教我。

一个星期后，进行测验。大家都很严肃认真，但也很紧张，虽然是春天，却考得满头大汗，有的人都把外衣脱掉了。我有许多字不会写，只好坐在那里咬铅笔。龙老师走过来，对我说：“你讲，我代你写。”我讲完以后，龙老师告诉我，十个题目只做对三个半。我一听，差点哭了。龙老师又说：“这‘三个半’也是你的成绩，也是你的进步嘛。不要灰心，要有决心赶上同志们。”我听了，心里暗暗攒了一股劲，以后更加刻苦地学习。老师和同志们也更加热心帮助我。最后，我终于取得了较好的成绩。

课余时间，我们三五成群地到山上去拔竹笋、捡松菇，到山溪边去抓石鸡、捞鱼虾。这些就是我们的菜肴。我们把这些叫做“山珍海味”。炒熟以后，八个人一瓦盆，蹲在地上吃。尽管缺油少盐，但大家吃得津津有味。

每天早上、课间、晚上，我们都在一起学唱《国际歌》《少年先锋队歌》。我们还自编革命山歌，经常在山头上放声高唱：

莫用急来莫用愁，
自有好景在前头。
革命成功分田地，
你住大厦我住楼。

歌声在千山万壑中回荡。我们越唱越高兴，仿佛看到了胜利的曙光。

十天以后，团训班结业了。通过十天的马列主义教育和团的基本知识的学习，我们提高了政治思想水平、阶级觉悟和工作能力。结业以后，家在国民党统治区的同志把衣服撕烂弄脏，连夜跑回家去，假说“是从土匪窝里逃出来的”，这样就减少了暴露革命的风险。不久，团西北特委安排我担任花溪团区委青妇委员，领导全区青年妇女的革命斗争。

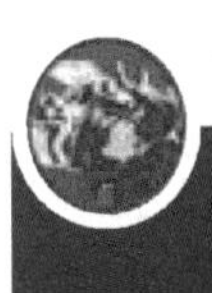

# 红如石榴争漫艳
# 血迎刀刃怒凌锋

## ——临刑前的“琼崖才女”梁慧贞

文／陈小毛

梁惠贞的少女时代

1905年，梁惠贞出生在琼山府城镇马鞍街111号。

1926年，梁惠贞从琼崖中学（现琼台师范）毕业。毕业前夕，这位琼崖进步少女加入了共产党。不久，她担任了澄迈县女子学校校长，并秘密参加党的地下工作。

1928年，志同道合的梁惠贞与王海萍结成了革命伴侣。此时，二十四岁的王海萍任中共福建省委常委、宣传部部长，梁惠贞在福建省委秘书处工作，负责福建省委与党中央的联络工作。

风云突变，腥风血雨。1931年，国民党发动了第一次大“围剿”。为了加强福建革命斗争，党中央任命梁惠贞的丈夫王海萍同志为福建省委书记，领导福建人民进行艰苦卓绝的革命斗争。

由于叛徒的出卖，1931年3月25日，福建省委常委、秘书长杨竣德，宣传部部长李国珍及王海萍同志的爱人梁惠贞等五位同志，不幸被捕。

国民党特务逼迫梁惠贞等五位被捕共产党人交出省委领导名单，均遭断然拒绝。此时，梁惠贞已怀有八个月身孕，面对敌人的酷刑，她毫不退缩，决不妥协。

1931年5月1日凌晨2时，国民党特务以提审为名，将梁惠贞等五位共产党人从狱中押出，推上汽车开往禾山。沿途戒严，布满军警。五位共产党人在车上高唱《国际歌》，高呼革命口号，李国珍同志对随车押送的国民党士兵做慷慨演说，听者受到极大震动，甚至流下眼泪。在这样悲壮淋漓、慷慨激昂的紧张空气中，英勇和正义冲破了夜里的黑暗和恐怖，显示出了我们英勇战士不怕牺牲的顽强精神。

临刑前，战友林树根问梁惠贞：“你现在是不是很快乐呢？”“是的，我的热血是在沸腾。今天是最痛快的一天。我的爱人王海萍曾对我说，痛快才是人生，斗争才是幸福。死也要痛快地死，为信仰而牺牲，是如愿以偿了。”梁惠贞哈哈大笑。

行刑的时间到了。5月的晨风夹裹着寒意，阵阵袭来。梁惠贞高昂着头，理了理乱发和被风吹拂的衣角。她艰难地拖着冰凉沉重的脚镣，戴着冰凉手铐的双手捂着自己高高隆起的肚子，试图给腹中的孩子抵挡寒冷。

“我把手表给你，不要打我的肚子，朝我的脑袋开枪吧！”临刑前，梁惠贞脱下自己身上唯一值钱的一块手表，扔向了刽子手。

此时此刻，一股伟大的母爱暖流，在深情地涌动。梁惠贞手抚着肚中即将出生的心爱的孩子，喃喃细语，依依诀别。

罪恶的枪声结束了“琼崖才女”梁惠贞年轻的生命。

在闽江大地，梁惠贞，这位二十六岁的琼崖人民的英雄女儿，在腥风血雨中，用自己鲜花般灿烂的爱情和双重的生命，谱写出惊天地、泣鬼神的共产党人英雄壮歌！

# 长征中的娃娃卫生员

文 / 李耀宇

李耀宇

李耀宇，1921 年出生于四川巴中。1933 年参加红军，任川陕苏区政治保卫局检察员。1935 年随红四方面军长征。1936 年到达陕北，先后担任过黄祖炎、刘锡五、张苏、王德等人的勤务员。中华人民共和国成立后，曾任中共湖南省委行政科长等职。1982 年离休。

长征刚开始时，红军总医院里有二百多名像我这样十多岁的小护士，我们身穿五颜六色的各式衣服，以瘦小的身躯，承担着医护任务，为伤病员打水打饭，洗衣擦澡，采药制药，运柴运粮。

1935年，天气还没有暖和，王坪红军总医院就开始长征了。轻伤员陆续归队，重伤员安置在老乡家中，带不走的炊具器皿赠送给周围的乡亲。我的挎包里装了一本红军的识字课本。

红军总医院的小护士、小勤务兵都集合在院总部前的平坝上。张琴秋院长一身军装，整洁利落，她说："这几天，你们共青团小组都讨论了红军实行战略攻击，去和中央红军会合。今天红军开始行动，你们这些小同志组成'红四方面军总部卫生队'。我任命李耀宇同志为卫生队大队长。大家要团结一致，服从指挥，互相照顾，跟着红军走，你们会有光明前途的……"卫生队又划分成三个小队，指定了三个小队长。

我们这些小红军人人背一只布挎包，一条干粮袋，没有棉被背包，沿着行军路标指引的方向向前走，离开了王坪红军总医院。我们走过松柏树下的红军墓地，坟茔上的兰花突然开放，好像牺牲的红军战士英魂有灵，放出兰花香气来送行。同时，一条条山沟里走出一队队红军或后勤机关与民夫混合的队伍，像小溪汇成江河，浩浩荡荡沿着山川河谷向前。

路途休息的时候，红军医院的民夫挑着中草药的担子从后面追上来，大家互相打着招呼。这些四川的黄连、党参、天麻、川芎……一直由他们运到松潘草地，才把中草药分散了，让战士们背着。

太阳落山时，我们大约走了六七十里路，远远望见红军兵站的火把光亮。红军的兵站往往设在寺庙或祠堂，如果前不搭村，后不接店，就在荒野中架起几十排草棚，地上铺上稻草，招待部队吃饭宿营。兵站的哨兵询问："你们是哪一部分的？"我回答："王坪总医院的卫生队，快给我们弄点饭吃吧！"兵站的同志讲，总部传令下来，有一支娃娃卫生队，要照顾好。

吃过晚饭，我们疲惫不堪地摸进一间草棚，顾不上男女有别，大家挤在松软的稻草地铺上，呼呼大睡。

在沿途红军兵站的照料下，我们这支小卫生队经毛浴镇、通江、清江渡、巴中城、旺苍坝，来到广元近郊的嘉陵

长征中的"红小鬼"

长征队伍中的娃娃兵

江边。红军工兵在嘉陵江上用成排的木船架起一座浮桥，我们卫生队踩着起伏晃动的桥板，踏上嘉陵江西岸。

红四方面军西渡嘉陵江，开始了艰苦的万里长征，在雪山草地、饥饿疾病的时候，卫生队的小伙伴就开始怀念四川根据地的大米饭、红烧肉。

从广元过嘉陵江，我们来到剑门关，沿着一条石阶山路从山岭隘口钻过剑门关。登上山顶，一条平坦宽阔的古道沿山脊延伸。红军兵站就设在古道旁。沿古道行一日，卫生队随军拐下大路，一路向西行进，经过江油，抵达北川城。

江油城东，一座一百多米长的石拱桥横跨江面，桥栏护板石雕精美，花鸟走兽活灵活现。桥面加筑一道长廊，为行人遮蔽风雨。长廊由木料构筑，飞檐斗拱，彩绘图画。我们的卫生队就在这石雕廊桥里夜宿。

红军通过江油，队伍当中又多了一队担着各色酱菜的民夫。豆瓣酱的香味儿飘散在红军的队伍中。吃饭的时候，我们就挤到挑夫的竹篓旁，讨要酱菜和辣酱来拌饭。

从江油向西行军，水田果园渐渐被甩到身后，进入丘陵地带，我们遇见了蛇群。山路上，花花绿绿的长蛇蹿来蹿去，红军把蛇踩踏成一摊摊肉泥。还有碗口粗的蟒蛇，藏头露尾，在草丛中爬行；细细的小蛇长不足三寸，粗不足竹筷，密如罗网。四川毒蛇种类繁多，草上飞、竹叶青、黄喉蛇、烙铁头、三角蛇等等，人被毒蛇咬一口，阎王殿里走一遭。

穿过蛇蟒之地，我们沿一条河谷继续西行，山路愈加险峻，一段一段的栈道悬挂在峭壁之腰，沟谷里的江水咆哮，轰鸣之声不绝于耳。

古人在悬崖绝壁上凿洞，横向嵌入三尺长的木桩，再铺上圆木或石板，构筑起悬空天桥。红军战士说，这就是孔明诸葛亮修建的川蜀栈道！前队依次传来口令：“不要向下看，注意脚下。”栈道行军约半日，全队正要顺利通过时，忽听前面一阵骚动、一片惊呼。随后，前面的伙伴传过话：“报告队长，有人摔下山啦！”

从栈道上掉落山涧的小战友是南江县人，姓名早已忘记。一位跟他同村一起参加红军的小姑娘，伤心地哭了三天三夜，“他是我唯一的亲人啊，他是我的村子里的人呀”，哭得双眼又红又肿。

我们这一队娃娃混在红军的队列中向西疾行，山岭上红军的掩护部队阻击敌军的进攻，激烈的枪炮声忽紧忽慢。红军的后方机关、兵工厂、被服厂、造船队、医院和民工队抬着各种机器、粮食、担架和物资的人流紧随我们。

通过北川河谷后，卫生队又向北沿

岷山山脉行进。岷山行军，我们这群娃娃兵才真正领教了四川大山的厉害，通南巴根据地的山路与之相比真是小巫见大巫。仰面眺望挂在陡峭山坡上的羊肠小路，红军战士就像是在攀登天梯。

我们艰难地沿崎岖险峻的山路行进，一阵阵低低的吼声从山顶传来，伙伴们惊恐地互相打探："前面山上有啥子野兽？""管它个啥子嘛，反正有红军。"登上山顶，一条大江在山脚下奔流，激流撞击在两岸岩石上，水声震耳。这条大河就是红军涉渡嘉陵江和涪江之后的第三条川江——岷江。

沿岷江继续前行，转过一道山脚，河谷地势较开阔，江水似乎平缓。红军工兵砍伐了岷山的原始森林，在岷江上又修建了一座浮桥。我走过浮桥，跑到水色青黄的岷江边，捧起一捧清澈的江水，喝入口中微甜清凉。

从北川以后，行军的道路险峻起来。山岭上有了石片垒成的建筑物，那是羌族人居住的石屋和碉楼，当地羌族人习惯把家安在高山上。后来，走到黑水芦花，走到丹巴炉霍，看到了更多千奇百怪的碉楼。

1935 年的夏天，我们从北川经过汶川走到杂谷脑镇。"杂谷脑"这个名称是模仿藏胞或羌族的口音。杂谷脑镇周边有一条水流很急的河，还有大片的森林。

卫生队被安置在杂谷脑镇外高山上的一所寺庙宿营。一条石板路从山脚爬上寺庙前的广场，又转上山顶。广场外侧有一道峡谷，从崖顶向下望去，峡谷深不可测，只听见谷底滔滔水声。

寺庙大门前的广场上有一口巨大的黄铜锅，场地上散布着一些黄澄澄的铜碗和小铜锅。这口几间房屋大小的黄铜锅可谓中国"锅王"。一架木梯搭在锅的边沿，一队红军战士依次传递一只只水桶，将清水哗哗地灌入铜锅。整棵的松树在锅底熊熊燃烧。进了寺庙大门，里面的场院极宽敞，四进院，大殿雄伟。殿堂菩萨塑像色彩缤纷，金碧辉煌，护法天神威严狰狞。寺内大殿和大棚里都住满了红军伤员。我们这群娃娃就在场院的角落里露宿，整整一天的山地行军，小伙伴们都累坏了，大家挪开石板地上的铜锅铜碗，相互拥挤在一起，躺倒

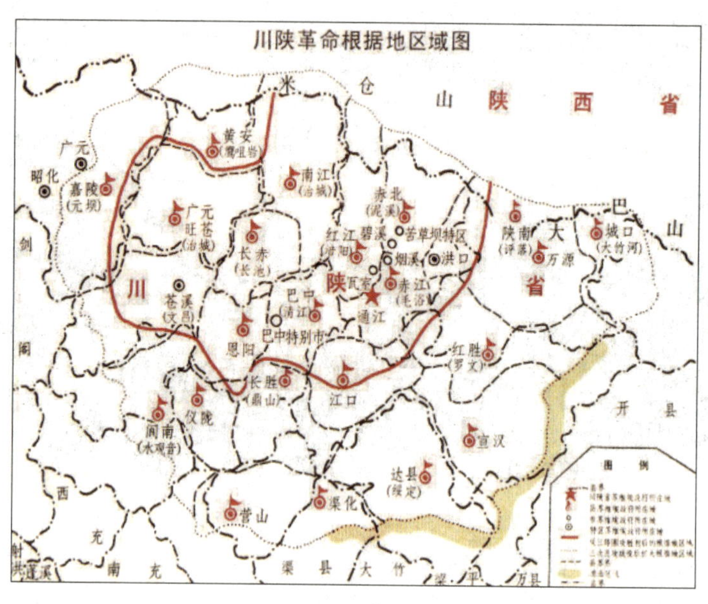


川陕革命根据地区域图

1932 年 10 月，中国工农红军第四方面军主力部队被迫退出鄂豫皖根据地，奉命向西战略转移，12 月经陕南到达川北。12 月 18 日，红四方面军抵达通江县河口场，建立了川陕边界第一个工农革命政权——赤北乡苏维埃政府。此后，在川陕两省党组织和王维舟等率领的川东游击队配合下，开始了创建川陕革命根据地的艰苦斗争。1932 年 12 月下旬，红军经过浴血奋战占领了通江、南江、巴中三座县城及大部分地区，并在这些地区层层建立了苏维埃政权，赤江（通江）、红江（涪阳）、南江、清江（巴中）县和巴中特别市等苏维埃政府先后成立，为红四方面军在川陕根据地站稳脚跟打开了局面。1933 年 2 月，中共川陕省第一次党员代表大会和川陕省第一次工农兵代表大会相继召开，组建了中共川陕省委，并按照《中华苏维埃宪法大纲》的原则，起草和通过了《川陕省苏维埃临时组织法》，成立了川陕省苏维埃政府，宣告了川陕革命根据地的正式建立。

大睡。

第二天天刚亮，庙门外人喊马叫。我闻声跑到广场上，只见三位红军首长，正在检查从他们面前走过的红军战士的行装。马驮队缓缓地走过广场，几名战士用刺刀划开骡马驮架上的包囊，银圆像流水般涌出，叮叮当当地落入万丈深渊。我暗自惊叹："真可惜，这么多银圆啊！"可是在行军的路上又有什么更好的减轻负重的办法呢？

一队肩扛迫击炮炮筒、炮座和炮弹箱的红军炮兵走来。"好啦，把迫击炮从这里扔下去吧！"听到这道命令，炮兵们迟迟不肯动手。火炮就是炮兵的命呀！那几位红军首长鼓励战士们："同志们，只要有人在，我们还可以从敌人手里夺炮嘛！"

从山下来的红军源源不断地走了十几天，被服厂、造币厂和兵工厂的机器、原材料都从悬崖上被推入云雾峡谷。

太阳从对面山巅升起，肚子咕噜噜地叫了起来。我离开悬崖，顺手从地上拾起一只沉甸甸的铜碗，用衣襟擦了擦碗口的灰土，走到大铜锅旁，站在木梯上的红军战士用木勺给我舀了一碗米粥。

卫生队的小伙伴一人捧一只铜碗，呼呼地喝大米稀饭。一个小战友翻来覆去摆弄着手中的铜碗："队长，我们把铜碗铜锅带上一个吧，将来革命成功，也是个纪念。"

我说："随你！"

卫生队协助医生们护理寺庙里的伤员，给重伤员喂水喂饭。伤员一批批运来，经过简单治疗，又一批批运走。

总部联络参谋领来五十多名小战士，大都与我们年龄相仿。他们都是从各部队集中上来的，加入了我们的卫生队。同时又派来三女一男四位已成年的同志组成卫生队的炊事班。

杂谷脑寺是红四方面军长征路上的第一座喇嘛庙，红军借庙栖身，喇嘛们每天诵经作法，与红军相安无事。而杂谷脑兵站也是长征路上的最后一座兵站。从此，我们每人背起干粮袋，开始了风餐露宿的行军。

杂谷脑河

# 往事依稀恍若梦

文/曾克林

在长征胜利70周年之际，我不由得回忆起那段史诗般的壮举。七十年的时间在历史长河中只是“弹指一挥间”，可对于今天来讲却是远去的时光。回忆爬雪山、过草地那些远去的往事，就是希望今天的人们永远铭记那些为了民族生存、为了民主自由而前赴后继的红军将士。

1934年10月我被编入军委干部团开始了长征。我们一路上风餐露宿，浴血奋战，经过几个省的转战，1935年6月到了夹金山下。

夹金山高四千多米，山上空气稀薄，终年积雪。上午9点，我们开始翻越夹金山，脚踩嘎吱嘎吱作响的积雪，头顶飘浮不定的白云，往远处看到处是银光刺眼的雪。大多数同志都和我一样穿着一件单衣，凛冽的寒风像刀子一样穿透我们的衣服，刚才大家还浑身是汗，这会儿就冻得嘴唇发紫，牙齿不由自主地格格作响，我们不敢停步拼命地往上爬。

雪山的天气说变就变，刚才还阳光普照，到了半山腰黑云就铺天盖地压了上来，随之而来的就是一阵冰雹，不少同志被打得鼻青脸肿。

随着我们越爬越高，空气也越来越稀薄，两条腿就像踩在棉花上一样发软，气也短了，头也不舒服，就想赶紧坐下来休息。就在这时前面传来命令：再累也不许坐下，再困难也不能停下！于是我们咬紧牙关拿出全身的力气继续往上爬，大家互相鼓励、互相搀扶，彼此之间都能听到对方沉重的呼吸声。

接近山顶时我们看见路边有同志的遗体了，这些同志体质比较弱，可能实在累得走不动，又没有经验，就想坐下来休息一下再走，但是坐下去后就再也没有站起来。我们越接近山顶，路边牺牲的同志越多，我认出这些同志是前面红一军团的战友，在长征路上他们走的路比我们干部团多，打的仗也比我们多，就是刚才攀登陡坡时的台阶，也是他们在雪地里刨出来的。他们中的有些同志就在快到山顶时终于耗尽了年轻的生命。看着这些牺牲的战友，我的心中十分悲伤——我的战友们，你们在圣洁的夹金山上安静地长眠吧，再也不会有战争的硝烟打搅你们了，我们一定会把你们未完成的事业进行到底。

这年的8月下旬我们开始从毛儿盖北上过草地。

随着进入草地时间越久，我们的队伍逐渐拉开了。有的战友陷进了沼泽，如果周围有人还能赶紧把他拉出来，要

曾克林

曾克林（1913—2007 年），出生于著名的“将军县”江西兴国。1929 年参加中国工农红军，1931 年加入中国共产党。在其长期的革命生涯中，曾任红三军团第七师二十团连副政治指导员、第四师二十团连政治指导员、红二十八军第三团参谋长、冀东军分区参谋长、冀热辽军区第十六军分区司令员，中华人民共和国成立后，任中国人民解放军海军航空兵副司令、海军后勤部副部长、海军航空兵司令员等职。1955 年被授予少将军衔，是中国共产党第十二次全国代表大会代表，也是中国人民政治协商会议第五、第六届全国委员会委员。1988 年 7 月被中央军委授予中国人民解放军一级红星功勋荣誉章。

是离人群比较远的战友陷进了沼泽，等大家赶过去时沼泽早已没了头顶，只有不断冒出的气泡告诉我们曾经有位战友牺牲在这里，可连他姓什么叫什么都不知道。

8月的草地，基本上看不见太阳，总是阴沉沉的，一阵风刮过那雨说来就来了，可草地里除了一望无际的杂草水沟，连个躲雨的地方都没有，只有任其浇个透湿，等雨过去后依旧穿着那套似乎永远也干不了的衣服继续我们的行军。

到第七天时，前方突然传来消息，说马上就可以走出草地了，前面有许多房子可以宿营。已经疲惫不堪的我们闻讯后立刻来了劲，两条腿也轻快了许多。又走了三十里，眼前终于冒出几十座小矮房子，这就是我们的宿营地。我们就像在沙漠里见到了绿洲，大家争先恐后地跑过去，进了空荡荡的屋子倒头便睡，能躺着睡觉真是太幸福了。六百里茫茫草地，七天艰苦卓绝的跋涉，我们终于走出来了。

今天，每当我与老战友们聊天时，总是禁不住回忆起当年长征时那段艰苦却又充满坚定信念的岁月。

红军长征胜利了，可当年的奋斗和牺牲至今仍然历历在目。许许多多红军将士永远地长眠在了长征路上，他们用鲜血和生命铸成的伟大长征精神，已经成为中华民族宝贵的财富。今天，我们仍然需要发扬长征精神，把我们的国家建设得更加富强，这是对他们最好的告慰和纪念。

（原载于2006年《解放军报》）

# 过雪山草地

2 35 2 61 | 2. 3 | 5456 | 5 - | 1161 | 5. 653 | 2262 |

雪 皑 皑，野茫 茫，高原 寒 炊断

1 - | 2. 321 | 6 612 | 5. 545 | 645 | 66567 | 6. 5 |

粮。红 军都是 钢 铁 汉，千 锤百炼 不怕难。雪山低 头

3652 | 3 - | 5 616 53 | 2 35231 | 6. 1352 | 1 - |

迎 远 客 草 毯 泥 毯 扎 营 盘。

632176 | 1. 3 | 3. 5 1621 | 6 - | 5. 611 | 6765 |

风雨侵 衣 骨 更 硬，野 菜充饥 志越坚

53231 | 5 - | 6. 32176 | 1. 3 | 3. 5 1621 | 6 - |

志 越 坚。官 兵一 致 同 甘 苦，

5. 611 | 6765 | 6. 15 6 16 | 23 2 | 1 - ‖

革 命理想 高于天 高 于 天。

红军长征所过的雪山

# 女红军运粮跨越剑门关

文/叶　冰

叶　冰

叶冰，1917年出生，四川省通江空山巴坝村人。1933年3月参加红军，曾任红四方面军粮秣队队员、通信员、宣传员、卫生员等。长征路上，作为粮秣队队员，背着数十斤重的粮秣爬雪山过草地。抗日战争期间，一直在延安的国际和平医院当护士，曾经与加拿大医生白求恩和美国医生马海德一起工作过。

1935年4月，我们妇女粮秣队随红四方面军强渡嘉陵江后，向川北剑门关方向行军。我们粮秣队是个特殊群体，除队长外，都是女同志，担负着粮秣运送任务。

那时，一路行军一路打仗。战场在哪里，我们就要把粮食运送到哪里，保障任务越来越重，加之连日来的强行军，我们每个人都累得直不起腰来。

距剑门关还有七八里地，刚刚爬上一座山峰，我们还没来得及喘口气，忽然间，看见一座山峰直插云霄，矗立面前。队长说："这就是剑门关！"常言道："打破剑门关，好比得四川。"这可是一道天险啊！

"有多高？"有人在问。

"嘿，从山顶上丢下一块石头，抽完一袋烟，才能落地呢！"

大家你一言我一语地议论着剑门关的险峻气势。

靠近些，只见剑门关峰如剑削，壁如斧劈，峭壁高耸入云，山峰间峡沟深不可测。沿山由北往南，只有一条羊肠小道，曲曲折折盘绕在几十米深的悬崖峭壁间。

我们粮秣队在前卫队的掩护下，贴着石崖一步一步地向上挪动。俯视山谷，心都提到了嗓子眼儿，稍不留心，就会

“天下第一关”——剑门关

坠落山崖，有几名女队员就是这样牺牲的。当时大家身上背的物资足有六十多斤重，每个人的肩头都压得又红又肿，火辣辣的痛。尤其是我们有不少队员过去缠过小脚，刚刚解缚不久，脚踝全都走得红肿，还要负重爬上这样的高山，困难可想而知。

为了激励斗志，战胜困难，我们自编了一些号子，有几句至今记忆犹新。比如，攀行拐弯的时候，前边有人喊“慢转十字拐”，后边的就回应“前摆后不摆”；登陡岭时，前呼“陡上加陡”，后边的就回应“越陡越好走”；走平路时，前面喊“平阳大坝”，后面应“扯起两下（快走的意思）”。这些看似不起眼的号子，却给了我们无穷无尽的力量。

行至剑门关的支脉马塘山时，我们突然遭遇到一股敌人。顷刻间，子弹雨点般向我们袭来。粮秣队的胡桂英大姐正背着一口大铜锅，走在队伍的最前面。几发炮弹呼啸着朝我们这里飞过来，我们边隐蔽边喊她快卧倒。她把大铜锅一放，自己却趴在上面，用身体护着它。炮弹落地，溅得胡大姐满身泥土。看她那蓬头垢面的样子，大家都嗔怪地说：“胡大姐，你真傻，不藏在锅下面，却趴在锅上面，你的皮肉能硬过铜铁吗？”胡大姐拍打着身上的泥土，带着浓浓的家乡口音笑着说：“小鬼，全队就这一口锅，要是被打破了，我们啥都没得吃啰。”逗得我们忍不住哈哈大笑起来。

接下来，我们又经历了几次不小规模的战斗，在前卫部队掩护下，胜利突破了敌人的封锁，把粮食成功运过了山，跨越了敌人驻守的被称为“插翅难渡”的剑门关。

（本文摘自共产党新闻网）

儿童团在训练

# 儿童抗日救国团

文/符树森

当年，在烽火连天的琼岛上，到处活跃着一支生气勃勃的抗日队伍——儿童抗日救国团。儿童团里都是十至十六岁的少年儿童，他们遍布全岛各县、区的乡村，人数达数万之多。他们搞宣传、筹粮款、站岗、放哨、送信、侦察，群众称赞他们是人小志大的红孩子。

从1939年秋起，我曾历任村、乡、区的儿童团长。下面记述的是昌江第一区儿童团的几个小故事。

**护“红书”**

在中共昌感县委和第一区委的领导下，我们第一区儿童团宣传队跑遍了全区各乡村，演活报剧，唱救亡歌，跳抗日舞，讲国际反法西斯斗争形势，传播全国抗日战场的胜利消息。区委还以儿童团为主体，在各村办起地下红色学校。我们在学校读的都是些日军眼里的“禁书”。记得有一篇课文是这样的：“血！血！血！中国人民流的血！火！火！火！日军放的火！国家兴亡，匹夫有责！有钱出钱，有力出力！四万万同胞紧急动员起来，为推翻三座大山，为拯救祖国，流尽最后一滴血！”我们把这种书称为“红书”。

由于我们读了书，宣传的效果越来越好。日军和汉奸到处搜查“红书”。谁的“红书”被搜出来，就得被砍头。我们的亲密伙伴、四更村儿童团长文保福，就是因此而惨遭杀害的。但是，我们并没有被吓住。我们深深懂得，“红书”是教我们革命的，它比我们的生命还重要。敌人越怕它，我们越要千方百计保护它，一有空就读它。

符树森

符树森，1928年1月出生于海南东方，1941年参加革命，曾任琼崖纵队司令员冯白驹将军的机要员，1949年调赴前线任第五总队机要组长，先后参加战斗三十多次。

1940年3月的一天中午，近一百名日军路过我们大新村，在村口一块空地里吃午饭。我们大新村儿童团的几十名儿童这时正好放牛归来。当牛群走到村口时，我们发现了日军，但想躲已来不及了。有个日本兵用枪对着我们，大叫：“小孩的站住！谁的逃走，死啦死啦的！”没办法，我们只好向他们走去。

靠近日军后，他们叫我们通通从牛背上下来，挨个搜身。有几个身藏“红书”的儿童团团员悄悄问我：“团长，躲不开啦，怎么办？”我一时也想不出法子，但我想书在多人身上，不如集中到我身上，万一被敌人搜出来也只是牺牲我一个人。于是我让他们把书交给我，然后迅速藏进衣服里。书藏好了，眼看也就要轮到搜查我了，小伙伴们都用焦虑的眼光盯着我。这时，我突然想起刚才牛群里一头公牛追赶一头母牛的情景，顿时计上心来。我把那头公牛牵到那头母牛身后，然后一边和小伙伴们故意大叫大嚷扰乱敌人注意力，一边趁势狠抽了母牛几鞭子。母牛受惊猛往前奔，公牛便拼命追赶母牛。日军见状一个个笑得前仰后合，有的还跳着狂叫：“快追！公牛的厉害，快追上去！哈哈哈哈……”我趁机招呼小伙伴们猛抽自己的牛，这一来，牛群乱了套，发疯似的向前狂奔。我掩着藏在身上的“红书”，和伙伴们一起喊叫着朝牛群追去。就这样，我们护着“红书”，闯过险关，回到了村子。

**送信件**

随着抗日斗争的不断深入，县、区、乡、村之间的通信联络工作越来越频繁。县、区、乡领导经常派我们儿童团执行送信和侦察敌情等任务。

有一次，区委派我送一封绝密信到下荣村。接受任务后，我拿来一个南瓜，轻轻沿着瓜蒂边缘的纹路切开一个小洞，把密信捅进南瓜肚里，然后再原样盖好。把信藏好后，我又学着大人的样子“武装”起来，带上一支打不响的小手枪，雄赳赳地迈开大步出发了。由于日军“扫荡”，群众坚壁清野，一路上连一个人影都看不到。我暗自高兴：今天能顺利地完成任务。谁知，快到下荣村时，突然与日军马队相遇了。马队迎着我奔来，我知道已来不及躲开，就干脆抱紧大南瓜镇定地站在路边。马队来到面前，我装着献殷勤的样子，右手举到破帽檐边，一个劲儿地点头高喊：“先生敬礼！先生敬礼！”我以为这样一来，他们就会过去。想不到，一个当官模样的家伙竟勒马停了下来，用疑惑的眼神盯着我怀里的南瓜，喊道：“喂！小孩，抱南瓜的，什么的干活？”我的心一下子提了上来，但很快就露出一张笑脸，回答道：“送给亲戚吃。先生，您要？”然后大大

方方地把南瓜向他伸去。想不到这一下子就解除了他的怀疑。他扭头招呼同伙策马飞驰而去。我向着马队跑去的方向，狠狠地啐了一口，骂了声“笨蛋”，继续赶路，把信安全送到了下荣村。

**传消息**

我们儿童团中的男团员，个个都是爬树掏鸟窝的能手。党支部见我们有这套本领，就帮我们建立起了连环岗哨。连环岗哨就是把全区各乡村的儿童团联络好，白天各村派一两个善爬树的儿童，爬到本村最高的树顶上去监视敌人。每村都有瞭望哨，一村接一村，一直延伸到日伪据点附近。日伪军一旦出动，靠近据点的瞭望哨马上挥动帽子或衣服，传出表示敌人行动方向、人数等的暗号。这样，一村一村传开去，很快，全区都能知道敌人的消息。为了以最快的速度把消息报告给村干部，各村还利用小孩跑得快的特点，组织接力报警组。树上瞭望哨一把暗号传出，地下接力报警组就按分工的路线，一站一站地跑步传到预定地点。此外，我们还布置儿童团员利用白天放牛、晚上看庄稼的机会监视敌人。我们把树上瞭望与地下监视相结合，暗号联络与接力报警相结合，做到白天黑夜不间断，一环扣一环，曾无数次使抗日军民避免了敌人的突袭。

1942年6月的一天，中共昌感县第一区委开完布置反“扫荡”任务的区委会后，区委副书记赵上阶到大新村传达会议精神。就在赵上阶到大新村不久，四更据点便出动骑兵队扑来。四更离大新仅五公里多，情况很危急。此时，我们儿童团的连环岗哨发挥作用了。敌人一从四更据点出发，四更的儿童团瞭望哨马上打信号传给离四更五公里的下荣村瞭望哨，下荣村瞭望哨又很快传给离下荣两公里的大新村瞭望哨。正在野外放牛负责接力报警的儿童团员符德美立即跑回村向我报告。我知道开会的秘密地点，便直接跑去报告。区委副书记赵上阶、大新村党支部书记赵廷洁、支委

抗战时期的儿童团

赵宪祥等七八人，听了我的报告后，马上跑到村北面那个秘密地洞里藏了起来。没多久，敌人就赶到了，可是却扑了个空。

儿童团的连环哨岗很有效，连在昌江大新村召开县人民政府代表大会，也指定我们儿童团连环岗哨负责大会的安

全。我们人小目标小，动作敏捷。敌人每次出动，我们都能知道，弄得敌人很头痛，还曾怀疑他们内部有我们的“奸细”呢！

**救亲人**

1944年6月的一天，琼崖抗日独立总队政治部主任黄魂同志一行，执行任务到上容村，偶遇日军骑兵队。在激战中，黄魂同志不幸中弹牺牲，其他同志往北突围脱险。日军骑兵三十多号人马又扑向北面的大新村。

上荣和大新两村只隔两公里，大新村的干部群众很快都钻入地洞或躲到野外去了。万万没有想到，在这种时刻，琼崖抗日独立总队干部符致东、谢应权等五六人竟从昌化江北岸突然来到大新村。

当时，我们儿童团几个人奉命在村里监视敌人的动向。大人不在，符致东、谢应权等同志由我们接待。我一面派儿童团员符宪荣爬上树顶观察，一面向同志们介绍敌情。突然，从树上传来符宪荣焦急的报告声：“团长，日军骑兵向我们这里奔来了！快带同志们躲开，不然就来不及了！”他边说边滑到树下。怎么办？同志们人生地不熟，他们的安全全靠我们儿童团了。他们镇定地看着我，好像在说：“不要慌，小同志！”我猛然想起村北面不远处有个秘密地洞，忙说：“有办法了，快跟我跑！”我一喊，大家拔腿就跑。

可还是慢了，我们刚出村就听到后面战马的嘶叫声，日军也到了村北头。他们发现了我们，策马追来，眼看只相距二三百米了，我忙叫符宪荣顺着牛车道往北跑，我则带着同志们急折向南，迅速闪入秘密地洞。日军追上来后，看见牛车道上有人在时隐时现地贴着路旁野菠萝丛疾跑，就顺着牛车道追去，边追还边打枪。符宪荣是个机灵鬼，不仅跑得快，而且满肚子都是鬼点子，平时我们捉迷藏玩，谁也休想捉得到他。他估计我们已经安全进入地洞，便突然钻入野菠萝丛，左钻右钻，不见了影儿。日军猛追，追了好大一会儿才知道上了当，可是已经晚了，只好垂头丧气而去。

# 西安事变亲历记

## ——陕西黄埔同学会朱仰超老人访谈录

文／尚迎宾

张学良、杨虎城西安事变时的合影

陕西黄埔军校同学会朱仰超老人生于1919年，祖籍西安。1936年“双十二事变”时以一个爱国学生的满腔热血积极投身于“停止内战，一致抗日”的爱国主义正义斗争，亲历西安事变以及第二次国共合作统一战线形成。

1939年，朱老就读于黄埔七分校，毕业后留校任职，晚年又致力于以“发扬爱国革命的黄埔精神，联络同学感情，促进祖国统一，致力振兴中华”为根本宗旨的陕西黄埔军校同学会工作。朱老是半个多世纪古城西安风雨变迁的历史见证人，他以自己的亲身经历，深刻体验到祖国的统一，民族的振兴已经是人心所向，大势所趋。

西安事变66周年纪念日前夕，在西安北郊陕西省老年公寓，笔者访问了他。如今，朱老已经谢世，但对那次访问，笔者至今记忆犹新。

### 天下黄埔　本是一家

朱老介绍说，1924年6月16日，国民党在广州建立了陆军军官学校，因校址设在黄埔，亦称“黄埔军校”。黄埔军校的建

20 世纪 30 年代，蒋介石来西北视察时与部分军政要员合影

立是苏联政府和中国共产党帮助的结果，同时也是国共合作的产物。建校初期，中国共产党曾派出共产党员和青年团员进校工作和学习，除周恩来曾担任政治部主任外，还派出恽代英、萧楚女、熊雄、聂荣臻等人在校先后担任政治领导工作和其他工作，在黄埔第一期五百名学员中，就有共产党员和青年团员五六十人。

被孙中山先生任命为军校校长兼粤军总司令部参谋长的蒋介石，在以后二十五年漫长的岁月里，始终坚持“反共反人民”和“攘外必先安内”的反动立场，走出黄埔军校校门的学生，有一批成为抗日战争和解放战争的中坚力量，有一批则错误地追随蒋介石，站在人民的对面，成为历史的罪人。

为了联络台、港、澳和海内外黄埔同学，为促进祖国民族统一大业作出贡献，黄埔军校同学会总会于 1984 年在北京成立，时由徐向前元帅任会长，聂荣臻元帅任顾问。在“天下黄埔是一家”的口号中，黄埔同学会分会在全国各省、自治区、直辖市纷纷成立，陕西同学会也正是在那时应运而生，刚成立一个月，就联络到在陕西和其他陕西籍黄埔同学一千八百余人。其中资历最深的，是与林彪同一期的黄埔第四期学员，当时已经九十五岁高龄的王子伟老人。王老是陕西渭南人，西安事变时任西北军警备一旅副旅长，解放西安时任西安团管区少将司令，后率部起义，中华人民共和国成立后担任陕西省政府参事室副主任等职，后住在西安东十道巷雍村干休所。

1939 年，二十岁的朱仰超考入黄埔七分校，校址设在现西安城南长安王曲镇。七分校是胡宗南一手成立的，胡时任国民党十七军团军团长、三十四集团军总司令、第八区副司令长官、第一战区司令长官、西安绥靖公署主任长官等职，总部设在小雁塔。胡宗南是浙江人，系蒋介石的嫡系和亲信，因陕北“剿共”攻占延安空城有功，成为黄埔军校毕业学生中，由中将晋升为二级上将的第一人。

朱老就读的七分校，在全国九个分校中，设备最好，人数最多，最多时共有十四个学生总队、一万四千名学生，教职员工还不算在内。七分校主要的教学任务就是为国民党部队培养、输送下级军官。毕业后，朱老留校在人事科任职，从少尉升到中校科长。解放战争开始后，国民党政权处在风雨飘摇之中，分校迁往陕南勉县，后又迁至四川。1949年12月，成都解放时，朱老随校起义向解放军十八兵团投诚。

杨虎城别墅——止园

**西安事变中的见闻**

窗外纷纷扬扬的小雪，给初冬的古城披上了一层缥缈的轻纱，暖融融的公寓219房间里，朱老神采奕奕，谈笑风生，他对六十六年前西安事变时的所见所闻仍然记忆犹新。

朱老叙述说，当时由张学良率领的东北军和杨虎城率领的西北军共十万多兵力，主要布防在陕甘一带，是与红军直接对阵之敌。红军发展，要进行东征抗日，就必须解除眼前的威胁，争取张、杨将军停止内战，共同抗日。1935年12月，共产党派出汪锋带着毛泽东的亲笔信去西安见杨虎城，同时派出代表向杨提出共同合作的六项建议。后来又派出王炳南继续做杨的工作。对东北军的争取工作，更为细致，包括对在各项反“围剿”战役中被俘的东北军官兵进行抗日统一战线的教育后予以释放。

1936年1月25日，毛泽东、周恩来、彭德怀等二十名红军将领联名写信给张学良和东北军全体将士，表明愿意首先同东北军共同实现组织国防政府和抗日联军；2月间，在东北军被俘团长高福源的联系下，中共代表李克农与东北军高级将领王以哲在洛川会谈；3月底李克农又与张学良会谈；4月9日，张学良又与周恩来在延安天主教堂秘密会谈，这次会谈对张走上联共抗日道路起了决定性作用。

1936年下旬，蒋介石到达西安逼迫张、杨进攻红军，后又由西安到洛阳部署对陕甘红军的军事“围剿”。12月4日，蒋介石又来西安，迫使张、杨服从“剿共”命令。

张、杨二将军从12月7日起，分别前去临潼华清池面见蒋介石，苦劝蒋介石委员长放弃内战政策，进行抗日。蒋介石根本听不进去。

1936年12月9日，正值“一二·九运动”一周年，西安爱国学生进行示威游行，遭到国民党特务警察开枪镇压。愤怒的群众徒步行进临潼向蒋介石示威。12月10日，张向蒋再次进行劝告，但蒋对张学良在学生面前的许诺极为不满，张学良感到无法改变蒋介石的态度，只得与杨虎城商议采取兵谏的办法。此间，朱仰超以华北医学院函授班学生的身份，多次参加要求蒋介石停止内战、共同抗日的游行示威活动。12月12日清晨，西安事变爆发。东北军攻入临潼华清池，经过激战，首先解除了蒋随从宪兵卫队的武装，枪击蒋介石住的五间亭。当进

西安事变时留在蒋介石住处五间厅窗户上的弹孔

"兵谏"亭

西安事变时的指挥所

入五间亭蒋的住室时发现蒋的假牙还放在茶几上，被窝还热乎乎的，原来，蒋听到枪声后惊慌失措地跳后窗逃跑，后被东北军搜山部队从骊山半山腰的两块险石夹缝中发现并活捉。（后来，胡宗南在蒋介石被捉的地方盖了一个小亭子叫“正气亭”，中华人民共和国成立后改名为“捉蒋亭”，后又改名为“兵谏亭”。）与此同时，西北军在西安囚禁了国民党政府国防部参谋总长陈诚等十余名国民党军政大员。朱仰超老家当时住在西大街，现西安市公安局西侧的小巷，西安事变时这里是驻扎百十号人的伪中央警察机关，当时叫“陕西省会公安局”，局长马志超，系黄埔一期学生，属军统人员。清晨当西北军开枪进攻收缴警察局枪支时，马志超从后门溜出，化装成一个洋车夫，逃往兰州。

**三方会谈　促成抗战**

蒋介石在临潼被东北军活捉后，被押送到西安新城黄楼，这里是杨虎城办公的地方。事变当天12时，国民党南京政府派飞机在西安上空撒传单，谴责张、杨扣押蒋介石。考虑到南京国民政府可能会派飞机轰炸，蒋介石又被送到建国路高桂滋公馆，高是西北军的一个师长，属杨虎城部。

西安事变顿时引起国内外的巨大反响。国民党内部以何应钦为首的亲日派，企图借讨伐张、杨之名，挑起更大的冲突，继而取蒋代之，他们主张炸平西安，同时又调兵沿陇海铁路进入陕西华阴、华县一带。当时在国外养病的投降派头子汪精卫也急忙动身回国，想乘机攫取政权。而亲英美派宋子文等人，则千方百计地要营救蒋介石，欲保住蒋家王朝。随后一个代表亲英美派的美国人端纳从南京坐飞机抵达西安。端纳曾给张学良当过顾问，作为和谈的人选最合适。双方当时约定，当飞机飞抵西安机场上空时，下边燃起一堆火时，则表示飞机可以降落。端纳来后，发现张、杨两位将军并不是要杀害蒋介石，而主要是促蒋抗日，他立即将看到的情况告知南京。

西安事变的消息很快传到中共中央所在地的陕北延安，在共产党内部也有两种主张，一部分人主张杀掉蒋介石，毕竟四一二反革命政变后，多少共产党人都牺牲在蒋介石的屠刀下。可是经过冷静分析，共产党认为当前的民族革命战争才是国内的主要矛盾，最后主张采取促使和平解决的方针。12月16日，共产党派出周恩来、秦邦宪、叶剑英前往西安。周恩来不计前嫌，深明大义的说服工作，使张、杨非常地信服，在处理事变中与张、杨意见取得一致。12月23日，宋子文、宋美龄代表南京方面，张、杨代表西安方面，周恩来代表中共方面，三方举行了正式谈判。24日，蒋介石被迫接受张、杨提出的八项主张；25日蒋介石临上飞机前，又作了共同抗日的六项保证；当周恩来得知张学良陪送蒋介石回南京时，立即赶赴机场劝阻，然而迟去了一步，飞机已经起飞了。

**囚张杀杨　了结私怨**

蒋介石一到南京，便软禁了张学良，并开始对东北军、西北军进行分化和隔离。

其实事变后，张学良见蒋介石开始抗日，以为目的已经达到，其他的并未多想，所以他准备立即放了蒋介石。而杨虎城则深谋远虑，他深知蒋介石对此事不会善罢甘休，如果放蒋介石回去，以后恐怕自身难保，所以主张不能轻易

周恩来（右一）、叶剑英（右二）、秦邦宪（右三）应邀赴西安通过谈判，促成事变和平解决

放了蒋介石。

西安事变之后，蒋介石仓皇逃往南京，他表面上答应国共合作、一致对外，但心里很不舒服。一个原因是西安事变让他名誉受损，一夜之间成了全国的罪人，外国人也笑话他，让他很没面子，下不了台。另一个原因是“剿共”不仅没能如愿，相反共产党因此事声名远扬，日渐壮大，这让他夜不能眠。最后一个原因就是西安事变让他更加提防杨虎城和张学良，把“东北虎”和“西北狼”留在身边，早晚是心腹大患。在蒋介石看来，如果二人继续壮大，恐怕会威胁到他的统治。

因此，蒋介石回到南京后，便开始对付张、杨二人。1936 年 12 月 30 日，南京国民政府任命李烈钧为审判长，对张学良进行军法会审。军法会审结果，张学良被判处有期徒刑十年，剥夺政治权利五年。从此，张学良一生过着半囚禁的日子，晚年与赵四小姐生活在美国夏威夷，2001 年 10 月 14 日，张学良走完了自己的生命历程，与赵四小姐合葬于夏威夷檀香山。

1937 年 1 月，杨虎城被南京国民政府撤职留任，1937 年 11 月底被诱至南昌，十二年后在中华人民共和国成立前夕与儿子杨拯中、女儿杨拯贵及私人秘书宋绮云夫妇及其子森森（小萝卜头）惨遭国民党特务杀害。杨虎城等烈士的遗骨于 1950 年从重庆运回西安，现葬于西安长安杜公祠的杨虎城烈士陵园。杨虎城将军与妻子谢葆贞共有六个子女，幸免于难的有长女杨拯美，曾任全国政协委员；三女杨拯汉，后居住北京。

张学良首先被“收拾”但是他很快就出来了，虽然蒋介石再没有给张学良任何职务，但还是对张学良以礼相待，而杨虎城却惨遭杀害。张、杨二人一起发动西安事变，为什么他们两个人的结局会有如此大的差距呢?

朱老说，蒋介石是聪明人，他心里明白，张学良虽然参与了事变，但并不是主谋，如果没有张学良的阻拦，恐怕他的老命早丢了，所以蒋介石还要感激张学良。另外，张学良入关，带了几十万军队，虽然现在不是司令了，但东北军还是很听他的，如果张学良有什么三长两短，张的部队投靠共产党，也够蒋介石喝一壶的；再者，张学良之父张作霖是东北老军阀，家庭地位显赫，国内外都知道他，如果杀了他，蒋介石对外国友人没法交代；再说张学良“东北易帜”归顺了蒋介石，蒋介石与张学良也算是拜把子兄弟，杀了张学良，又怕世人说他不仁不义。

1975 年 4 月 5 日蒋介石病逝，同年 9 月，经蒋经国特别批准，张学良携赵四小姐前来吊唁。张学良站在水晶棺旁，久久凝视着双眼紧闭的老兄，不禁思绪万千，在自己的一生中，政治生涯、个人命运、生死自由，自己的人生轨迹竟然全因蒋介石的存在而不断改变，他转眼看自己写给蒋介石的那副挽联：

关怀之殷，情同骨肉；

政见之争，宛若仇雠。

但这十六个字岂能道清二人的恩恩怨怨。

而杨虎城则不然了，杨是陕西蒲城县平民出身，是靠自己打拼出来的，身后没什么背景，蒋介石相当仇恨杨虎城，他知道如果不杀杨虎城，可能杨虎城早晚会杀了他，所以他要斩草除根。此时西北军又一将领冯玉祥归顺了蒋介石，就算是杀了杨虎城，也有冯玉祥来管理西北军，所以蒋介石才对杨虎城下了毒手。

### 人心所向　共话统一

“月有阴晴圆缺，人有悲欢离合”。远居海外的游子，有谁不盼望着祖国早日统一，亲人尽快团聚。当谈到黄埔军校同学会的任务和使命时，朱仰超老人十分坚定地说：“从 1924 年建校至 1949 年人民解放战争取得胜利，黄埔军校共办了二十三期，有学员十几万名。黄埔军校早期毕业的学员，一部分战死于沙场，一部分伴随着无情的岁月，已经纷纷作古。剩下的也由英姿勃发的青年士官，变成了行走无力、忧疾相寻的耄耋老人。不管他们过去的政治信仰如何，在风起云涌的疆场上，曾经为谁生死搏杀，但首先肯定地说，渴望民族振兴，盼望国家统一，永远是绝大多数黄埔军人的主张。”担任理事期间，朱老先后接待过数千名黄埔军校学友，对此，他深有感触。

1985 年 6 月份，在北京召开了第一次黄埔同学会学员代表大会之后，由中央统战部安排，学员组成了一个四十七人的参观团，到西安参观访问。参观团的成员来自美国、西德、瑞士等国家和港澳台地区。团长李默庵，是黄埔军校一期学员，原国民党中将；另一名温佐慈，是黄埔二期的学员，曾任国民党海南警备副总司令，中将军衔。在西安他们参观了兵马俑、大雁塔、碑林等名胜古迹，对中华民族五千年的悠久历史文化有了进一步深刻的认识，可谓大开眼界，团员们当场咏诗赋词表达了渴望中华民族早日统一的愿望。

原国民党军队中的戴坚，是黄埔七期学员，抗战胜利后，派驻日本，任中国驻日本军队司令。前几年从美国来大陆时，特意将自己保存近半个世纪的原代表国民政府行使权力的关防（印章）交给祖国，表达了盼望海峡两岸早日统一的意愿。

有一年清明节，陕西黄埔同学会还接待过中华黄埔四海同心会谒陵团三十名学友。名誉团长邓文仪，黄埔一期学员，曾和邓小平是苏联莫斯科中山大学同学。1990 年，他先来大陆一趟，受到邓小平的接见，回去后就把台湾的黄埔同学联络起来，成立了上述组织。谒陵团在北京受到江泽民同志的亲切接见。团长刘璠是黄埔一期学员，邓文仪前几年在美国去世后，刘璠与陕西同学会的联系一直从未中断过。

前几年，以黄埔二十三期学员、原国民党陆军中将张昭然为团长的台湾陆军军官学校代表团一行四十余人来陕西，当参观黄帝陵时，有的从陵丘上捧走一包包黄土带回台湾，有的则从沮水河灌走一瓶瓶河水，表示回台湾后要把这些水与日月潭的水融在一起……

告辞朱老，在回来的路上，我思忖着，祖国的统一富强需要一个良好的社会环境，做好本职工作，为早日实现祖国的统一做一点贡献，这个责任落在了我们这一代人身上。

# 悠悠慈母心

## ——怀念蔡畅妈妈

文 / 刘虎生

蔡畅（1900—1990 年），中国妇女运动领导人之一，原复姓蔡林，名咸熙，湖南湘乡（今双峰县）人。1923 年加入中国共产党。新中国建立后，历任中华人民共和国中央人民政府委员、中共中央妇女运动委员会书记、全国妇联第一至三届主席、第四届名誉主席等职。全国人大第一至三届常务委员，第四、五届常委会副委员长，中共第七至十一届中央委员。1990 年 9 月 11 日在北京逝世。

正当我们盼望着病中的蔡畅妈妈早日康复的时候，传来了她老人家病情恶化的消息。

那是 1990 年 9 月 11 日凌晨，天黑沉沉的，我和妻子尤利亚匆忙赶到北京医院病榻前。望着她那清瘦的面庞，我心里非常难过！我默默地祝愿她老人家能够再一次战胜病魔，我能再一次聆听她的教诲。可是，虽然经过医生的全力抢救，心电图显示出的波纹，仍然由曲线变成了直线，蔡妈妈的心脏停止了跳动。泪水在我和尤利亚的脸上如泉水般流淌下来，

我的心在强烈地震颤。我真想大声呼唤："蔡妈妈，您不能走！"

我是革命烈士的遗孤，从小就失去了父母。是党把我哺育成人，是老一辈无产阶级革命家，特别是蔡妈妈用母亲般的慈爱，温暖了我那失去生身父母爱抚的弱小的心灵。

是她在我患病乃至濒临死亡的边缘时，把我从死神手中抢救回来；是她在我思考自己成长的道路上应当怎样前进时，教育我抓紧学习，准备好为党和国家贡献力量的知识本领；是她在生活上、

工作上给了我无微不至的关怀，我永远忘不了蔡妈妈对我的恩情。

记得那是抗日战争艰苦的岁月，党把我从国民党统治区接到延安，我和另外两个烈士的遗孤住在一起，从小学到中学，都受到蔡妈妈的百般照顾。由于当时生活条件艰苦，不久我就病了，而且病得很重，全身多处出血，住进白求恩国际和平医院治疗。病情危重时，医生接连给我打强心针以维持生命。蔡妈妈得知我病情垂危，急得直哭。她说："刘伯坚三个孩子我们只找到了一个，一定要千方百计想办法治好他的病。"她多次找医院大夫，要求全力进行抢救。可是由于当时条件的限制，不能准确判断我到底患的是什么病，因此就不能对症治疗。在这最危急的时刻，蔡妈妈请来了斯大林派来担任毛主席保健大夫的苏联专家阿洛夫参加会诊。经阿洛夫的仔细诊断，确认我患的是坏血病，是由于缺乏维生素C引起的。他建议，在当时条件下最好的办法是大量输血。这时，一些过去和我在延安中学、自然科学院学习的同学，正好分在医院工作。他们争先恐后为我输血，一共是七位同学，每人输血200毫升，终于把我从死亡的边缘抢救回来，并逐渐康复。医生们直说，我命真大。其实，哪里是我的命大，是中央首长、医务工作者、我的同学们，特别是蔡妈妈的关心和厚爱，我才获得了第二次生命。

蔡畅和她的丈夫——李富春

尤其使我不能忘怀的是，1947年我到了东北，当时东北局的驻地在哈尔滨，我就住在南岗蔡妈妈家。我是从晋察冀边区经过长途跋涉过来的，身上长满了虱子，鞋子也破了。蔡妈妈帮我用热水烫掉衣服上的虱子，并让我穿上李富春叔叔的鞋子。李叔叔下班回来要换鞋，到处找也没找到。蔡妈妈笑着说："你的鞋子给虎子穿了。"李叔叔点点头说："好。"我的心里充满着一种家庭的温暖，长途行军的疲劳也一扫而光。

1948年，解放战争取得胜利，全国就要解放了。为了迎接即将到来的建设高潮，党中央选派了一批人陆续出国到苏联去学习，我也是其中一个。出发的那一天，蔡妈妈一直把我送到车站。

她握着我的手深情地对我说："我是在法国入党的，介绍人是你父亲刘伯坚同志。你要继承你父亲的遗志，把学习任务完成好。现在全国就要解放，建设高潮很快就要到来，急需大量人才。你一定要克服一切困难，掌握知识和技术，将来回国为社会主义建设服务。"我舍不得离开蔡妈妈，她的临别叮嘱，更使我

刘伯坚

刘伯坚（1895—1935 年），四川平昌人，早年曾就读于成都高等师范学堂；1920 年赴欧洲勤工俭学；1921 年与周恩来等发起组织中国少年共产党，1922 年转为中国共产党党员；1923 年入东方大学学习；1926 年回国应邀在冯玉祥部任国民军第二集团军总政治部副部长；1928 年再次被派往苏联学习军事，并出席了中共六大；1930 年回国到中央苏区，任苏区工农红军学校政治部主任；1931 年底，参与领导宁都起义并任红五军团政治部主任；后任中革军委总政治部宣传部副部长；中央红军长征后，留在苏区坚持斗争。1935 年 3 月率部队突围时不幸负伤被捕，21 日壮烈牺牲。

深受感动。我从车窗朝外望去，正好看到站旁一个工厂高耸的烟囱，缕缕白烟正向天空升起。我暗自下定决心，当我回到祖国再看到这烟囱时，我一定要用优异的学习成绩来向祖国汇报，决不辜负党和蔡妈妈的期望。在留苏的几年中，尽管我原来的基础差，学习外语遇到很多困难，但当我想起蔡妈妈的话，就焕发出一股巨大的力量，使我有勇气克服了一个又一个困难，完成了学习任务，并取得了优异成绩。

亲爱的蔡妈妈，我至今仍在轻声地呼唤着您。世上只有母亲的爱是最伟大的，我从您那里不仅受到了慈母般的爱抚，而且从您那里得到了孜孜不倦的教诲，是您教导我怎样做人，要学好本领为人民服务。您离开了我们，但您那金子般的慈母心，像一盏不灭的长明灯，将永远闪耀在我的心里。

（本文选自《延河儿女》）

# 我们的部队越来越壮大

文/赵　肃

五常县城（今五常市）位于吉林至哈尔滨的铁路线上，离哈尔滨一百多公里，是哈南地区一个较大的县城。这里土地肥沃，物产丰富。县城东西长约四里，南北长约一里半，四周有残缺的土围墙，共有五个城门，在入城的路口还有几座碉堡。城内居民不满万人，民房多数低矮破旧。

1946 年 1 月，我们部队解放五常后，就地休整。同时，部队开仓放粮，宣传群众，继续征召新兵，筹集冬装，建立后方医院，安置伤病员……

我们进入五常的时候，正是三九期间，天气异常寒冷，屋檐下、树枝上到处是冰柱倒挂，一片银白世界。天气虽冷，我们的情绪却非常高涨。解放五常的战斗，打得干净利索，以极小的代价就解放了一个县城，这是令人鼓舞的。因为部队进入东北地区以来，经过十余次大小战斗，历时三十多天，行程千余里，消灭、击溃数千国民党“先遣军”和“治安军”。我们的部队作战勇敢、纪律严明、关心爱护群众、优待俘虏等优良作风，在新区的百姓中留下了深刻的印象。“人民子弟兵”这个新名词，感动着沿途的民众，我们二支队的名气一下子震撼着这片土地。老百姓到处传颂着：“二支队是关里来的八路军，是穷人的队伍。”敌人听到二支队的名字无不是心惊胆战。这时的二支队已经成长为装备精良、能征善战的主力部队。

五常是个较大的县城，在这里休整，条件好多了。我们住在老百姓家里，家家都有热炕。走进暖和的屋内，每个战士都高兴极了。几天的休息，很快就消除了一路征战的疲劳。很多冻伤的同志也渐渐恢复起来。这时我们才注意到，这里老百姓的房子墙壁特别厚，条件好一些的人家的房子还有火墙。屋外是冰天雪地，屋里却是暖意浓浓。自从来到东北，这是同志们第一次住上这样暖和的房子。

我们部队解放了舒兰、榆树、五常三个县城，建立了民主政府（榆树县交托给兄弟部队）。最让大家兴奋的是这里的青年报名参军非常踊跃，短短时间里，就招收了近千名新战士。这下可把管后勤的同志忙坏了，他们集中了全城的裁缝和许多会做衣服的妇女，加班加点地为新战士缝制军装。这时，全支队的兵力已超过三千人，是我们渡海北上时兵力的两倍。

当时新兵踊跃参军的场面，让我们激动也让我们心酸。许多青年衣衫褴褛蓬头垢面，有的几天都没吃饭了，面黄肌瘦，看得战士们直想掉眼泪。日军投降后，这里成了无政府管辖状态。土匪恶霸横行乡里，老百姓的日子更没法过

了。当地没有共产党的组织，没有人发动群众参军，更谈不上群众觉悟。报名参军的都是走投无路的穷苦人，他们在以后的战斗中，在部队的教育中，逐步提高思想觉悟，慢慢成长为革命战士。我们革命队伍里的每一个战士，不都是这样成长起来的吗？我自己就是这样。

到达五常后，部队的武器装备得到了大量补充，仅仅是从敌人手里缴获的各种枪支，就有上千支，增加了不少轻重机枪和迫击炮等。在我们的队伍里，再也看不到赤手空拳的战士，整个部队的面貌焕然一新。

我们部队从辽宁的庄河一直向北挺进，沿途解放城镇，宣传我军政策，严明纪律，发动群众。

这时，支队接到中共中央东北局北满分局书记陈云同志和吉黑军区司令高岗的急电，命田松、李伟两位首长火速去宾县接受任务。

首长回到部队，传达东北局领导的命令：二支队下属两个大队扩编成团，每团下属一、三营和一个机枪连，警卫中队扩编为警卫营，另编一个炮兵连。田松任支队长，李伟任政委。部队扩编后，立即向牡丹江开进。

这是我们这支部队第二次整编了。海军支队成立时有五个中队，挺进东北前发展到两个大队共七个中队，达到一千人。现在扩编为两个团五个营十八个连队。装备也彻底更换了，各团都有了机炮连，支队还有了炮兵连。战斗力大大提高。

这次整编后，我被编入二团七连担任七班班长。

我们的部队越来越壮大。从刘公岛起义，到海军支队成立，再到东北的二支队。由几百人发展到三千多人。我们北进的路是打过来的，越打装备越好。我们的队伍是群众拥护出来的，越拥护人数越多。部队的发展，让我们倍受鼓舞，让我们看到了革命胜利的希望。

（本文摘自铁血社区）

# 我的八路军生涯

口述 / 王修道　整理 / 王黎芳

我是一名老八路军，1928年出生于河南封丘大李村。1943年农历三月二十日，日军闯进我们村子。当时年轻人都跑了，只剩下年老体弱的人留在村里。日本兵到各家抢鸡和鸡蛋吃，并用刺刀威胁老百姓。祖父因受到过度惊吓，在5月3日去世了。10月20日，祖母因受惊吓也去世了。母亲则在被吓病后一直没好转，于1944年9月16日离开了人世。

## 参加八路去抗日

尽管我家四世单传，但家仇国恨使我下决心当兵抗击日本侵略者。1943年农历八月，我约了两个伙伴，带着干粮，偷偷跑到离家五十里的牛石屯集，那一年我十五周岁。三天后，在一个客店内找到了八路军的地下组织。随后到了离家一百多里地的晋冀鲁豫军区，分配到八分区七团三营七连三排做一名战士。

## 首次抗日战斗

参军两个月后，我第一次执行的是侦察任务。为解放浚县，部队派高大银（音）、刘永胜（音）和我一起侦察敌情。浚县日军把守很严，进城要有通行证，经过周密安排，最后我们决定乔装打扮成进城的农民。日本兵爱吃鸡，带鸡容易混进城，就由高大银挑一担子活鸡。农历十月正是收白菜的时候，在农村生活过的人都知道，大白菜快长成时，为长好白菜心，农民都给白菜扎上草绳。利用这个特点，我们把白菜切去菜心，把枪藏到里面，扎上草绳，放到筐里，不切开白菜就暴露不了。大白菜由侦察排长刘永胜担着。那时我年龄小，个子矮，就像小孩，日本兵戒心小，由我和他们搭话最合适。于是我挎着一篮子鸡蛋，怀里揣了一条烟。我们三人快到城门时，我走到岗楼前，一边递给站岗的两个日本兵几个鸡蛋，一边说："太君的米西米西。"日本兵爱喝生鸡蛋，俩人打破鸡蛋就喝起来。我又赶忙拿出烟来，说："太君的米西米西。"俩人很高兴地接过烟。我指了指高大银担的鸡和刘永胜担的大白菜说："这些给城里大太君的米西米西。"日本兵点点头。于是我们三个赶紧进了城门，找到一个偏僻的地方，把筐子扔掉，把子弹上膛，枪藏在怀里。四处侦察完毕，经过山陕会馆时，正好门前有个说书的，周围有很多人。突然来了一辆汽车，车上有一个日本军官和两个日本兵，他们恰好把车停在山陕会馆门前，想下来吃饭。我们三人迅速交换了一下眼色，把手伸到怀里，手指扣到扳机上，隔着衣服一人瞄准一个，同时开枪击毙了这三个日本兵，缴获了两支三八大盖，和一支勃朗宁小手枪。随后，我们三个每人打了一梭子弹，并趁势大喊："八路军已经全部进城了！"这时城里的日军乱套啦，胡乱开枪。我们火速跑到偏僻处。从城墙上放下绳子，缒下城去，他俩架着我蹚过护城河，从小道回到部队。我们汇报了日军的驻扎情况，各得了一等功。

后来我又参加了文柳、阳谷、南井店、汤阴等大小几十场战役。在我战斗的地区，流传着这样的顺口溜："七团真勇猛，拔钉子如拔葱，南井店南洛县，一夜成了功。"

### 战斗中负伤

1945 年 9 月，日本已经宣布无条件投降，驻守在汤阴县城的伪军孙殿英部拒不缴枪，我军决定强攻。由我排担任主攻，四个班分为炸弹组、梯子组、突击组和机枪组。我作为排长，打仗前对我排进行了总动员，各班班长都宣誓表决心："轻彩不下火线，重彩不哭不叫，爬也要爬进去。"夜里 12 点，总攻开始了，只用了五分钟我排就把梯子搭上城墙。我跟在突击组后面，刚登上梯子三蹬，就觉得右小腿发软，从梯子上掉了下来。我赶紧把嵌在肉里的手榴弹弹皮抠出来，用急救包包扎伤口。之后，我被送到汤阴东关的岳飞庙里，又辗转到浚县、濮阳、滑县治疗了三个月，最后又到濮阳东关住了四个多月，由于医疗条件所限，经过五次手术，终于保住了右腿。

由于伤在右腿，再也不能行军打仗，组织上便安排我在后方做教育宣传工作。现在生活幸福了，我还是经常给儿孙们讲革命经历的艰难，告诉他们今天的幸福生活是多么的来之不易，告诫他们要珍惜美好的和平年代。

# 为革命，双亲齐捐躯

文 / 段昌期

每当我儿孙绕膝、享受天伦之乐的时候，就特别怀念长眠在地下的父母亲。

父亲名叫段振经，1915 年 3 月 12 日出生在段家凹（今岑河镇东湖村三组）的一个亦农亦渔的家庭，幼时在方铜轩私塾就读四年，虽然读书的时间不长，但父亲天资聪颖，能写会算。1931 年父亲参加黎湖乡红军少共团，任大队长。1932 年，由朱吉耀（土地革命时期的沙西北区苏维埃政府主席，后牺牲）介绍加入中国共产党。1938 年，陈克东、彭祥麟等来岑河组建区委，陈克东任书记，父亲任组织委员。

1941 年，国民党华中游击纵队何人熙部在荆州专员凌非尧的指挥下，与日伪勾结，纠集了“伐虏”“荡虏”“讨虏”等九个支队和广德正规部队一个师，兵分三路向岑河——三湖抗日根据地大举进攻，“围剿”新四军第五师襄南独立十四营。彭祥麟、朱玉衡和父亲掩护杨知时率主力突围。彭、朱、段分别在北、南、东三片坚持斗争。由于叛徒出卖，彭祥麟不幸惨遭杀害。1942 年，朱玉衡调往襄西，父亲在危难中受命主持区委工作。他独撑危局，带着十多人隐蔽在黄港、周家桥一带的荒湖中，由母亲驾船送饭，传递情报。

月余后，父亲从母亲的情报中得知，驻扎在大李台（今岑河镇童河村三组）的敌“伐虏”部队中二支队三大队大队长吕治军为人正派，有爱国热情。父亲觉得这是一个机会，便派李洪道去试探。吕邀请与父亲见面。父亲应邀只身前往吕的驻地。通过长谈，吕被深深感动，答应在他的防区内不打共产党，并签发了通行证。临别时，吕送给父亲手枪三支。父亲凭着胆识化险为夷，并充分利用这个条件，重新建立起抗日武装——

三湖游击大队。他带领这支集党、政、军、群于一体的精悍队伍，经常出没于岑河口敌占区，端岗哨，夺枪弹，惩治汉奸，阻击抢粮队，像一把锋利的尖刀插在敌人的心脏。三湖地区的革命烈火又熊熊地燃烧起来了！1943年，朱玉衡重返三湖，任区委书记，父亲任组织委员兼三湖中心乡小区委书记。同年4月，叛徒勾结伪军突袭我家，放火烧了我们的瓦房，致使祖父母两位老人无处栖身，不得不在已经被烧毁但还没倒下的北墙下搭棚暂住。一个雨夜，狂风吹倒北墙，两位老人被活活压死在墙下。父亲闻讯赶回，目睹惨状，悲愤交加。他强压心中的悲痛与怒火，草草安葬了二老后，便立即归队。

1945年8月，涂一元调离三区，父亲接任三区区委书记。1946年，形势险恶，中原突围。江陵县委在转移前，组建起江潜指挥部，我父亲任副政委。江陵县委转移后，党的活动转入地下，不久，与县委失去了联系。同年5月，父亲化装成小商贩去寻找上级党组织，只身辗转，风餐露宿，到了南山，见到了在那里坚持斗争的副专员谢威。几天后，父亲按照上级的指示，返回三湖。

7月，父亲带着王运昌、王运喜到长湖开展工作。父亲先后派二王回三湖联系留下的同志，二王均未归。几天后，父亲被国民党岑木乡副乡长唐汉章和三青团区队副队长陈正新带人从蛟尾（今属荆门市）捕回。被捕后，父亲拒绝利诱，受尽酷刑，怒斥顽敌“要杀要砍由你们，肉是你们的，骨头是我的”，义正词严，大义凛然。敌人无计可施，于1946年8月17日夜，将父亲杀害在万家湾（俗称刘个碾子），父亲时年三十一岁。

母亲李玉饵，1914年6月20日出生在西李台（今岑河镇童河村五组）的一户渔家。母亲为人热情、干练。当时，父亲参加了红军少共团，很少在家。母亲和祖父、祖母、叔父及姑姑一道种田，不但毫无怨言，反而更加吃苦耐劳，孝敬公婆，照顾叔子、小姑。这使父亲非常感动，他们也比婚前更加恩爱。在父亲的影响下，母亲常为来往的革命同志做饭，洗衣，关心备至，后来，还冒着危险送信，刺探敌情，大家都亲切地叫她“大姐”。1942年，母亲由李洪道、方锦镖介绍加入了中国共产党，任联络员。从此，父亲和母亲就成了伉俪和同志。母亲追随父亲，追求革命，矢志不渝，趴荒湖不让须眉，入敌穴一身是胆，坐牢房甘受苦刑。在几次被捕中，母亲任凭敌人灌水、压杠，被整得死去活来，但坚决不说出父亲的去向，也坚决不供出谁是共产党、新四军，始终严守机密。父亲牺牲后，母亲化悲痛为力量，继续为党工作。

1948年，人民革命胜利的曙光已现，穷凶极恶的敌人知道末日即将来临，就妄图掩盖他们屠杀、叛卖革命者的罪恶行径。他们把魔爪伸向母亲。这是黎明前的黑暗，农历正月十六日深夜，母亲被杀害在青碧湖东北角的蒿排中，时年三十四岁。

母亲被害那天，敌人深夜突袭，等到劳累了一天的母亲被惊醒时，他们已经破门而入。没有丝毫犹豫，母亲拉塌蚊帐裹住我，并顺势将我推到了床下。此时，我正在熟睡中，待到被冻醒呼喊“妈”时，母亲已被敌人掳走了，再也没有活着回来。次日天明，做木匠的吴炳

元爷爷在蒿排缝里发现了母亲的遗体，情况惨不忍睹——绳索紧紧地捆绑着母亲的双臂双腿，身上多处中枪，血水横流，脸被劈破，唯有那双眼睛仍然睁得大大的。母亲死不瞑目啊！

我的父母亲是英雄。他们是人民的优秀儿女，是党的忠诚战士。我以他们而自豪！

原张场乡党委政府继承和发扬党的褒扬革命烈士的光荣传统，为父母建造了纪念碑。1985 年清明节上午冒雨举行了纪念碑落成典礼暨追悼大会，五百余人与会。除区、乡领导讲话和各单位代表发言外，父亲生前的战友、革命老人齐寿益伯伯还献了词：“忠勇英灵，贤烈配偶；百世流芳，永垂不朽。”齐伯伯献词中的“忠、勇、贤、烈”四字高度地概括了父母的革命精神和节操，这不是溢美之词，而是准确的评价。我觉得我的父母亲当之无愧。

（本文由湖北沙市区史志办供稿）

# 我的父亲冯仲云

文/冯松光

一个国家，一个民族不应忘记自己的历史和自己的英雄人物。父亲虽然算不上伟大的人物，但他平凡而不寻常的一生已经融入祖国从屈辱走向富强的历史过程。在日本帝国主义入侵东北以后，他与东北人民一起与日军进行了十四年艰苦卓绝的浴血奋战。在和平时期，他在自己的工作岗位上，为国家的富强贡献了自己的一切。

冯仲云

冯仲云，江苏武进人，是东北抗日联军的著名将领。1927年加入中国共产党。1930年毕业于清华大学数学系。曾任中共东北反日总会党团书记，中共满洲省委巡视员、秘书长，东北抗日联军第三军政治部主任兼珠河中心县委宣传部部长，中共北满省委书记，东北抗日联军第六军政治部主任、第三路军政委。中华人民共和国成立后，历任松江省人民政府主席兼哈尔滨工业大学校长，北京图书馆馆长，水利部、水利电力部副部长兼华东水利学院院长，曾当选为八大代表和第一、二、三届全国人民代表大会代表。

父亲冯仲云，1908年3月出生于江苏武进余巷村。1926年考入清华大学。1927年在革命的低潮时，父亲参加了革命，后担任清华大学的党支部书记。

父亲为他是清华人而感到骄傲。在清华上学的四年，是他人生最重要的转折点。早在中学时代，他就开始寻找人生的真谛，在列强入侵、军阀混战、朝政腐败、民不聊生、家业破产的社会中，家事、国事使父亲看不到出路。在席卷全国的反帝爱国运动感召下，父亲参加了这场运动，得到了锻炼，民主思想和爱国觉悟得到了提高。他考取了清华大学算学系。1926年录取该专业的仅有他一人。当时算学系还不能单独开课，他被安排和物理系学生一起上课。自1926年至

1928年的三年里，算学系也仅有七名学生。当时系里的教师水平很高，系主任是郑之蕃教授，导师是著名数学家熊庆来教授。所以在专业课上他经常接受导师熊庆来教授面对面的直接授课。党的工作和社会活动促使父亲在学业上更加努力。在四年的学业中，他的成绩受到熊、郑二位教授的肯定。

他在清华的这段日子里，正值国民革命军胜利北伐。革命的浪潮，震撼了全国所有的热血青年。父亲在回忆这段往事时写道："这场伟大中国革命的风暴，使得我气都喘不过来，我每天都钻到阅览室去阅览报刊，遥视着国民革命军北伐，企望着他们进军北京。"从这时起，父亲开始接受共产主义的思想，阅读《共产党宣言》等书籍，逐渐认识共产党和共产主义理论，决心投身工农革命。

东北抗联的艰苦斗争

1927年，蒋介石在上海发动了四一二反革命政变，大肆屠杀共产党人和革命群众。同年4月底，李大钊和十九位革命者被绞杀。革命形势急剧恶化，而父亲在此时毅然加入了共产党。在一片白色恐怖下，清华的党支部损失很大，原有的三十多名党员只剩下七人，而父亲坚持了下来。1928年，他担任了清华的党支部书记，并负责联系北平西郊区党的工作，至此清华大学的党支部得到恢复。1930年春，他任市委干事，仍在西郊进行工作，但并未脱离清华的党支部。在和北平的大学生一起举行示威游行时，父亲被捕入狱，入狱后被送入军事监狱关押。在关押期间，他曾被押送到法场陪绑。半年后父亲和难友们利用张学良的军队攻入北平与阎锡山的军队撤出北平时造成的混乱，集体成功越狱。在郑之蕃教授的推荐下，经组织的批准，父亲前往东北哈尔滨商船学校任教。

1930年，父亲在哈尔滨商船学校任数学教授并暗地从事革命活动。东北哈尔滨商船学校是国民党海军的一所高级军官学校，父亲在这所学校里开展党的工作。九一八事变后，东北哈尔滨商船学校撤退到青岛。父亲与学校的部分党员和学员留在东北参加反对日本帝国主义侵略的斗争。父亲参加了东北抗日联军的创建、组织和领导，并坚持到抗日的最后胜利。在这条道路上他坚贞不渝、义无反顾、勇往直前。

父亲冯仲云是东北抗日联军的著名将领，他的名字与杨靖宇、周保中、赵尚志、李兆麟等人的名字一起融入东北抗日联军光辉的历史。在那期间，父亲

东北抗联队伍在行军

担任过中共满洲省秘书长、省委巡视员、东北人民革命军第三军、第六军的政治部主任、东北抗日联军第三路军政委、中共北满临时省委书记、苏联红军八十八旅（中国教导旅）情报科长等职务。

东北的抗日战场是最残酷的战场。抗联在冰天雪地中，没有后勤、没有补给、没有根据地，面对的却是日本最精锐的“关东军”。在日伪军的飞机、大炮、坦克和骑兵的不断攻击下，他们在险恶的环境中孤军奋斗了十四年，终于取得了抗日战争的最后胜利。父亲总是说：我们这些幸存者永远不会忘记那些为取得抗日战争的胜利而牺牲的战友和群众。

父亲本是江南人，又是知识分子，但他在东北战场恶劣的环境中爬冰卧雪、身经百战、苦苦坚持。他的战友们在回忆他时常常夸道：父亲克服了比一般人更多的困难。在战斗中他两次受伤，同时又染上伤寒和“克山病”。抗联极度缺医少药，在生命垂危之际，抗联战友用盐和卤水为伤口消炎。伤口被盐水浸透，疼痛剧烈，但父亲咬紧牙关，不呻吟一声。强烈的生存愿望和坚强的意志使他靠盐水和卤水渐渐好了起来。抗联战斗在大小兴安岭，在野外风餐露宿，父亲曾有近两年的时间没有进过房子睡觉。“火烤胸前暖，风吹背后寒”是常有的事情。

夜间行军，时有敌人追赶，父亲又是高度近视。一次他的眼镜掉了，黑灯瞎火，他只能趴着满地摸，好不容易摸到了，眼镜腿断了，就用线捆一下。老战友李在德回忆说：父亲的眼镜是他的命，虽然支离破碎、残缺不全，但绝对离不开。有时眼镜实在不能用了，父亲就靠战友用树枝拉着他在黑夜中摸索行走。

父亲是南方人，有南方口音。1933年，他到汤原七号屯住在汤原县妇女委员金成刚家，敌人突然包围了村子。在万分紧急时，金成刚的母亲把父亲的眼镜藏起来，并让他装哑巴。这时敌人冲进来，把父亲捆起来吊打拷问，说他是“共匪”。

金成刚的母亲扑上来死死地护住父亲，老人指着父亲对敌人说：“这是我又

在暴风雪中行军的抗联队伍

瞎又哑的儿子。”周围的邻居也都赶来相助，敌人只好放了他。从此以后，在抗联队伍中大家都亲切地称呼父亲为“冯瞎子”。

作为东北抗日联军的主要领导之一，父亲坚持了十四年的苦斗。东北抗日联军在敌我力量极端悬殊、生存环境极端恶劣、历时长久并远离党中央领导的情况下，孤军奋战。父亲曾在1939年10月，作为北满省委的代表，越境到苏联寻找党中央。他在给中共中央的报告中写道：“……从1935年5月到1939年5月，整整四年了，这是多么悠久的岁月啊！这四个年头中，北满省委完全是处在四处隔绝的状态中。他们与外部没有任何的联系，得不到任何直接的援助，没有得到组织的领导……他们在空前严重压迫之下，在千难万险的环境中，本着共产党员的真正革命的精神，前仆后继，不怕牺牲，不惜流血地向前迈进。……一息尚存，誓死抗日。”四万多名抗联将士，在抗战胜利时仅存不到两千人。

1955年9月27日，父亲获得了他一生中最高的荣誉，他同包括朱德元帅在内的战功卓著的解放军高级将领们一起，获得毛主席亲自颁发的一级八一勋章和一级独立自由勋章。在授勋仪式上他是唯一一个穿便服接受勋章的。回到家里见到母亲时，父亲手捧两枚勋章，热泪盈眶地说：“这两枚勋章不只是给我个人的荣誉。这是凝结了满洲地下党、东北抗联十四年苦斗中千万英烈的鲜血，也是他们的荣誉。”毛主席在给父亲授勋时，紧握他的手说：“你是冯仲云，东北抗联的。你们抗联比我们长征还要艰苦啊！”父亲一直念念不忘：“毛主席了解我们。”

父亲冯仲云于1968年3月17日逝世。1977年11月24日，党中央在北京八宝山革命公墓为他举行骨灰安放仪式。

父亲离开我们已四十多年了，但父亲的教导时时在我们的耳边响起，时时鼓励着我们。在他们那代人身上对国家、对民族的高度责任感，对理想执着追求、忘我的牺牲精神，对党、对同志的忠诚不移正是我们需要传承的精神。让我们共同缅怀他作为一名革命志士永远记住他的丰功伟绩，永远学习他的精神，走好我们的人生道路。

# 忆我的父亲夏云超烈士

文/夏　英

父亲1917年出生于荣成市桥头镇观里村一个破落地主家庭，兄弟姐妹十一人，他排行第五。祖父当过私塾先生，任过村董事长，信仰孙中山先生的“三民主义”，拥护我党的抗日救国主张，曾被选为县参议员。父亲自幼聪明好学，在大伯（我的养父）夏岳五的支持和资助下，先后就读于荣成风鸣（现荣成埠柳镇）高级小学、威海育华中学、北京宏达中学高中部，1934年考入北平大学（现北京大学）医务系。在校期间他始终是一名品学兼优的好学生。

1935年，日本帝国主义疯狂侵略华北地区，民族危机空前严重。12月9日，在中共北平临时工委领导下，北平数千名学生冲破国民党政府的恐怖镇压，举行大规模的抗日救国游行示威，父亲也愤然走出校门，加入浩浩荡荡的示威队伍之中。反动军警疯狂镇压手无寸铁的学生，造成许多学生受伤。父亲也受了轻伤，但他没有被吓倒，仍然坚持与反动军警搏斗。第二天，各大中专学校又举行大规模的罢课斗争，学生上街演说，揭露国民党的卖国罪行。在汹涌澎湃的爱国斗争中，父亲经受了锻炼，后参加了我党领导的“学生联合会”，与反动分子组成的“新学联”展开针锋相对的斗争。1937年卢沟桥事变后，平津相继沦陷。日军在北平城内横行霸道，无恶不作，这更激起了学生们的爱国热情和反抗怒火。此时，因斗争需要，学生们被疏散到全国各地继续抗日救亡斗争，父亲回到济南参加了“平津流亡同学会”，后因生活来源困难，又历尽艰辛回到荣成老家大伯家中。

大伯自年轻时即在城厢（现城山卫镇）与人合伙开设一所崇德药行。他具有强烈的民族意识，抗日初期就与中共荣成城厢支部负责人曹漫之、李耀文交往密切，并多次掩护他们脱险，后又经常收治八路军伤病员，为革命做出了很大贡献。当时大伯的思想行为对父亲的革命路程影响很大，就是他介绍父亲结识了曹、李二人。父亲向他们汇报了自己参加抗日斗争的情况、愿望和决心，他们二人则很赏识这位高等学府回来的学生，给予父亲很大的支持、鼓励和帮助，使父亲的思想觉悟和对革命的认识提高得更快。父亲积极参加中共城厢支部创办的“河山话剧社荣成分社”活动，宣传我党关于建立抗日民族统一战线的主张，号召大家团结起来，共同抗日救国。

1938年1月18日，曹漫之、李耀文奉命率领埠柳乡校起义队伍西上文登大水泊，与山东人民抗日救国军第三军会合。4月，经他们推荐，父亲到部队做军医，从此走上了军旅

之路，并于同年加入中国共产党。在部队父亲经常亲临战场抢救和运送伤员，屡受表彰。当时部队无医院，医疗条件又差，伤病员治疗有困难，父亲就将重伤员转送到大伯的崇德药行救治，崇德药行也因此被誉为“三军”的后方医院。9月，“三军”奉命与掖县三支队合编，更名为“八路军山东纵队第五支队”，同时在黄县文基大姜家村成立了胶东八路军第一个后方医院，下设若干卫生所，父亲被任命为院长。

在当时的条件下，创办医院是非常困难的，药品缺乏，医疗器械少，医护人员都是十五六岁至二十岁左右没经过正规培训的年轻人。面对困难，父亲没有被吓倒，他以培养政治坚定、技术优良的医护人员为宗旨亲自承担培训任务，既当院长、军医，又当教员，用自己所学的知识自编教材，夜间备课，白天工作、上课。教学中以土洋结合、理论联系实际、到斗争中去学习的方法，突出进行“有我们在就有伤病员在”的革命英雄主义教育，使医护人员在政治、业务素质上进步很快，仅用半年时间就将各卫生所的医护人员轮训一遍，为部队的医疗卫生事业作出了贡献。

在工作中，他以身作则、克己奉公，经常深入基层、亲临战场，用土洋结合、偏方、验方等办法为伤病员和驻地群众治病疗伤，深受部队官兵和群众的欢迎和爱戴，称他为“八路军五支队里的华佗”。

1940年9月，“山纵五支队”改编为“山纵五旅”，父亲被任命为旅部卫生处处长兼政委。职务变了，担子重了，但他始终坚持严于律己、平易近人、深入基层、以革命工作为重的工作作风，视政治工作为卫生工作的生命线，坚持政治教育和业务指导相结合，与同志们打成一片、同甘共苦，全处形成了团结、进步、积极向上的和谐氛围。战时伤病员多分散到各村各户，无固定病房，他经常翻山越岭到各村检查、指导工作，看望伤病员。自己虽然是高级知识分子又是处级干部，但从不搞特殊化，生活俭朴，拒吃小灶，行军时配给他的马不是驮文件、书报、灶具，就是给体弱多病的同志骑。同志们总是竖起大拇指称赞他“咱们的夏处长是好样的”！

1942年，抗日战争进入最艰苦、最困难的阶段，胶东上空乌云密布。11月初，日本华北派遣军总司令冈村宁次亲到烟台，策划布置两万日伪军对胶东抗日根据地进行大规模“拉网式扫荡”，形势十分严峻。卫生处奉命在日军“扫荡”前对疏散各地的伤病员进行一次大检查。父亲同警卫员一起来到马石山地区检查伤病员的生活、医疗和备战情况，给予工作指导和解决实际问题。直到工作基本结束才抽空到疏散在马石山以北的上杨家村的母亲身边，此时我已出生一月余。父女第一次见面，他边亲吻着我边与母亲开玩笑说：“我们的女儿是为了参加反‘扫荡’来报到的。”父亲给我起名“英利”，意为“英勇斗争，争取胜利”。第二天他即因工作需要离开了我们，并同母亲互相鼓励在反“扫荡”中再立新功。谁知这竟是我们父女的唯一一次见面。

11月23日，日军突然将包围圈紧缩到马石山地区，将干部、群众包围在方圆不足四十里的圈子里。24日即制造了惨绝人寰的“马石山惨案”。当时父亲因工作没能离开马石山地区，在突围战中为掩护群众被一股敌人包围。在生死关头，父亲一边用手枪射击敌人，一边强令年仅十六岁的警卫员带着文件突围。当敌人即将扑上来时，他宁死不做俘虏，将最后的一颗子弹留给了自己……为争取抗日战争的胜利，父亲献出了年仅二十五岁的宝贵生命。

军民为他举行了隆重的追悼会，后又将他的英名刻在“马石山殉难军民纪念碑”上，同时也铭刻在人民心中。

让我们永远不要忘记贫穷落后的旧中国遭受帝国主义侵略的悲惨历史，不要忘记日本的侵华战争给人们所带来的深重灾难。万众一心将我国建设得更加繁荣富强，让受屈辱的岁月不再重现，让革命先烈的鲜血不白流。

马石山殉难军民纪念碑

1942 年 11 月 24 日，日本侵略军对胶东半岛实行了近四十天的“大扫荡”，在此残杀抗日军民五百多人，制造了震惊中外的“马石山惨案”。在反“扫荡”斗争中，胶东抗日军民同日本侵略军进行了殊死搏斗，做出了巨大的牺牲，最终让日军消灭胶东八路军的计划破产。

北山革命根据地的宣传标语

# 我的父亲许世雄

口述 / 马永镇　整理 / 陈素钰

父亲于1913年10月出生在水湖一个贫苦农民家里，家境十分贫寒，父亲从小给地主放牛、做长活、打短工维持生计。1935年，汉江洪水暴涨，冲毁了老堤。无处安身的父亲便带着母亲和未满周岁的姐姐，背井离乡，逃荒来到钟祥冷水铺落户，给地主做长工维持一家人的生计。

1937年七七事变后，日本帝国主义侵略了大半个中国。1939年至1940年，荆门、钟祥相继沦陷。时任北山游击队支队长的叶云同志，结识了父亲。他认为父亲是受苦群众，就动员父亲参加革命工作。父亲怀着对侵略者的无比仇恨，对未来美好社会的无限向往，满怀激情地加入革命的行列。开始党组织安排他负责秘密联络工作，以卖金货为名护送情报。后来，父亲的身份渐渐暴露，组织上便通知父亲以公开身份担任北山游击队手枪队长。1942年抗日战争进入相持阶段，也是最困难最艰苦的时期。父亲随游击队拔据点、反“扫荡”，冲锋陷阵。1943年冬到1944年春，父亲担任自治乡乡长。1944年春，父亲以乡长的身份参加了襄西中心县委组织部部长段玉美同志领导的荆南干训班，并在该干训班光荣地加入了中国共产党。《荆门老解放区教育史稿》一书中，记录了这段史实：“如许世雄、杨顺德、全正鹏、李忠秀等四十多人都是在干训班入党的，特别是北山来的许世雄同志，本来参加革命三四年了，但他初来竟然不知道自己不是共产党员，以为参加了革命就参加了共产党。经过学习，他提高了认识，更坚定了共产主义信念，党支部吸纳他加入中国共产党。经过培训后，他回到基层，在艰苦卓绝的革命斗争中多次出色地完成了党交给他的任务，直到后来为党的事业献出了宝贵的生命。”

1944年8月的一天下午，父亲接到情报：国民党顽固分子邓克昌将于当晚进驻罗家沟骚扰。接到情报后，父亲连午饭也顾不上吃，连忙集合乡武装分析情况，一面派人报告上级，一面布置武装察看地形。夜幕降临时，敌人果然来了，父亲立即派人监视敌情。深夜，许猛、叶云带部队增援。次日凌晨，战斗打响，敌人被打得鬼哭狼嚎，死的死，伤的伤，逃的逃。中午，父亲正准备回村吃饭，收到情况说敌乡长王虎臣腿部中弹受伤，正向北逃窜。父亲丢下饭碗，带领乡武装追赶，一连追了三四个山头，击毙了王虎臣。

这年秋天，父亲腿生恶疮，有人来报告说何家桥以东有土匪抢劫老百姓的财物。父亲拄着棍子带着乡武装追击土匪，一连追了几里路，直到追上土匪，夺回财物，还给群众。父亲跛腿追土匪的故事至今还流传在群众中。

这年冬天，叶云要通信员张庆荣留在自治乡执行任务。临走时，叶云交代父亲要保障小张的安全。当天下午，父亲带了张庆荣离开乡政府时，被敌人发现并尾随。在这千钧一发的关键时刻，父亲急中生智，将张庆荣隐蔽在一群众家的猪圈里并用稻草杂物堆盖好后，自己立即往外跑。这时敌人忙着紧追父亲，张庆荣免遭迫害。

父亲的革命意志坚定。区中队长张猴子（绰号）劝父亲随他一同去投靠驻冷水铺的日本保安队，被父亲严词拒绝。

1945年农历腊月初一，是父亲的遇难日。身患重病的父亲在李家沟休养。这天早晨，乡通信员严传荣为他去八角庙买药。李家沟离八角庙仅四五公里，平时两个多小时就可以往返，但过了正午还不见严传荣的踪影。父亲估计情况有变，忙叫来通信员陈兴鼎扶自己离开，以免连累群众。就在这时，老百姓跑来给父亲报信说，碾盘山突然出现敌人，而这正是李柏权派来的八角庙保安队。

李家沟就在尖石坡脚下，进山只有大半里路，而父亲卧病床上，不能行走。老百姓要背着他跑，他坚决不肯，只肯要通信员用牛驮他进山。刻不容缓，敌人已进李家沟。父亲才走了两条田埂，在离山口百米远的地方，被敌人截住，父亲落入敌人魔掌。原来，严传荣出卖了父亲，换取了一个反动保长的职位。

凶残的敌人对父亲吊绑毒打，诱劝他只要说出党的秘密就可保住性命。父亲大义凛然地怒斥道：“怕杀头，就不会干革命！头可断，血可流！要我投降，万万办不到！你们越疯狂，灭亡的日子就越近！”敌人见从父亲口里捞不到半点情报，气急败坏地将父亲折磨了两个多小时后，将父亲杀害在碾盘山上的一棵松树旁，同时遇害的还有小通信员陈兴鼎。

父亲的鲜血没有白流，父亲的事迹可歌可泣。而今，儿女们早已长大成人，父亲的革命事业后继有人！

北山革命英雄纪念碑

# 长征中年龄最小的红军

供稿／《解放军报》

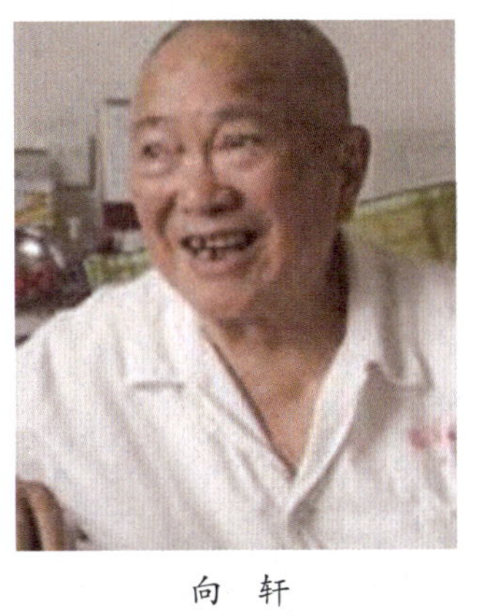

向　轩

向轩，1926年出生于湖南省桑植县。1933年4月参加红军。1935年11月随红二、红六军团开始长征。长征中任通信连战士、通信班副班长。中华人民共和国成立后，曾任成都市西城区人武部副部长（正师职）等职，是中国年龄最小的红军。

在成都市某军队干休所的小卖部里，一位耄耋之年的老人一边笑吟吟地递上购物者所需的香烟、食品等，一边噼里啪啦地拨弄着算盘珠子……彤红的夕阳软软地、亮亮地撒在老人微笑的脸上……

他就是长征途中年龄最小的红军、共和国元帅贺龙的外甥、原成都军区某干休所离休干部向轩。

**生于战火，自小会使枪**

湖南桑植县城北郊有个“水绕三门，五龙捧圣”的河谷盆地——洪家关，它是共和国元帅贺龙的故乡，也是向轩的诞生地。

1926年，向轩的第一声啼哭与“贺英游击队”的枪炮声汇成了交响。他出生的当天上午，舅舅贺龙高兴地朝天鸣了两枪，然后弯腰抱起小向轩，轻轻地、柔柔地亲了一口他鲜嫩的脸蛋……

向轩的母亲贺满姑（贺龙的姐姐、贺英的妹妹）怀着他时就一直跟着姐姐贺英驰骋疆场，直到他呱呱坠地也没停下征战。

“兵家儿女早知刀枪”，向轩三四岁时就能操起手枪叭叭射击。他常常偷出舅舅或姨妈的手枪瞄着树开火，把笔直的树干打得满是窟窿。看到小向轩是块扛枪当兵的料，贺英和贺龙闲时就手把手教他使枪。

**懵懂孩童，血战沙场**

那晚，游击队投宿洞长湾。突然，一声枪响打破了凌晨的静谧。贺英提枪刚冲出门，一颗子弹就打断了她的右腿。贺英跪在门边依然双枪向敌人还击。

“贺寡妇在高头，抓活的！”向轩听到敌人边吼边开火，便急忙向贺英靠拢。

枪口里喷出的火花，把贺英暴露给了敌人，敌人又是一阵扫射。贺英胸部、腹部连中数弹，扑通倒地。

年仅七岁的向轩忙去扶姨妈贺英，但怎么也扶不起来。

“快……快走……去找大舅（贺龙）报仇……”贺英把沾满鲜血的两支手枪和四块银圆塞给向轩，用最后的力气推了向轩一把：“快走！”

懵懵懂懂的孩子从山背后的竹林穿过，去找贺龙和红军，此时的他其实根本不知道贺龙在何处，只知道，贺龙在大山那边。

向轩跑着跑着就跑不动了，腿像灌了铅似的又沉又痛。他摸摸右脚脖，脚脖处黏糊糊的——子弹打穿了他的右脚脖，他倒在血泊中……

事后向轩才得知，是农会委员许璜生叛变投敌，向团防覃福斋密告了游击队住处，引来一百多人的团防大队偷袭。姨妈贺英和几个没来得及转移的赤卫队员都被敌人杀害了。

“女赤卫队长”贺英壮烈牺牲在洞长湾，用青春和生命谱写了一曲壮歌——《洪湖赤卫队》。后来，新西兰作家路易·艾黎第一个向全世界报道了洪湖赤卫队。

终于，向轩跑到红三军军部，向贺龙军长哭诉了姨妈贺英血洒洞长湾的悲壮一幕。接过向轩递上的两支手枪和四块银圆，贺龙一口接一口抽着闷烟，连同悲愤一起吸进心底。

当年，贺龙的家族中对贺龙支持最大的就是贺英！她曾对贺龙说：“带队伍英不如龙，可你没有队伍，我把队伍交给你吧……”而如今，大姐牺牲了，这对贺龙的打击太大了！他强压着悲愤和怒火，向在场的廖汉生等人说：“横竖革命到底！为他们报仇！我们回去招人，找枪，把游击队重新搞起来，与那帮坏家伙干到底！”

**跟“妈妈”打游击**

向轩叫姨妈贺英妈妈，还得从向轩一岁零三个月大时发生的事说起。当时妹妹金枝才五个月大，哥哥向楚才也很小，他们和母亲贺满姑一道被敌人抓进监狱，不久母亲即被国民党军队以极刑杀害。敌人要斩草除根，再杀死三个孩子。生命危在旦夕。向家人连同贺龙、贺英等决定实施营救。那天夜里雷雨交加，“双枪女英雄”贺英用两家凑的钱买通看守后，从监狱里救出了向轩、向楚才和金枝……

一岁多的向轩在监狱里被折腾得不成样子——稚嫩的脸变得又黄又黑，衣服上糊满了屎尿，一双赤脚沾满了泥巴，两手黑得如乌鸦的爪子……

“大姐，你没娃娃，把他给你吧！”一天，贺龙对贺英说。向轩从此跟着贺英，一同吃住，一起打游击，喊贺英

"妈妈"。

**七岁，在"马背上长征"**

如今，母亲贺满姑牺牲了，养母贺英也牺牲了，七岁的向轩跟着贺龙，加入"红小鬼"的行列。

长征途中，他实在走不动了，才在"马背上长征"。队伍歇息、野炊时，向轩卷起肥大的袖子，又是扫地，又是择菜，一点不累的感觉……

1966年4月，贺龙和夫人薛明在成都与三位外甥合影。右一为向轩

战争冶炼着向轩的青春和勇气，少年的无知、怯懦逐渐被硝烟融化，沉淀的是无畏和顽强。

向轩是红军队伍里年龄最小的兵，也是一个最特别的兵。不是因为贺龙是他舅舅、贺英是他妈妈，而是因为他在娘肚子里就可以算作红军了，而这么算军龄，又没什么依据。中华人民共和国成立后，成都军区与解放军总政治部有关部门最后决定：向轩的军龄从七岁算起。因为七岁他已血战沙场，光荣负伤，并建功勋。

行军时他总是以步当车，实在走不动了才骑上马，总是把马让给辛先柱等小战友们骑。三个孩子合用的马，最初向轩骑得最多，逐渐地，向轩成了走路最多的一个了。

"服务管理处的文书没人干，你去吧！"贺龙欣喜地"提升"渐渐懂事的向轩。

"当文书，我这点文化吃不消，还是让我去警卫连当班长吧。"当时连自己名字都不会写的向轩就一边当班长，一边给自己"充电"。他从陕甘宁边区中学的附小，一直学到延安抗大……

**战火中成长**

向轩对别人谈及的总是他的平凡，他的普通。而事实上，他有二十多处负伤的光荣史，老红军身上一片片的伤疤，都有着背后的故事。

抗日战争的第二年春天，陕西荔北无花只有寒。时任三五八旅工兵连副连长的向轩突然抛出"大老虎"和"飞雷炮"的构想。向轩的构想一冒出来，立即被大伙接纳。向轩与战友们挖空心思，终于研究改制出大威力的土炮。

轰隆！轰隆！一天下午，新研制的"飞雷炮"向敌人轰击，射程五千五百多米，一次可发射五公斤炸药，敌营房顷刻被"飞雷炮"炸得稀巴烂，敌人也被撂倒一大片。残敌仍负隅顽抗。突然，一颗手榴弹射中了向轩，他倒在血泊中——右眼被炸飞的弹片击瞎，右脚面被打穿，全身二十多处负伤……

纵队司令员、独臂将军贺炳炎得知

向轩负重伤后，既为他的勇敢而欣喜，又有些负疚。贺炳炎犹豫了好久，还是将此事报告了贺龙：“向轩的眼睛瞎了。我没保护好他，我对不起你呀！”让贺炳炎没想到的是，贺龙不仅没有责怪他，反而劝导他说：“他（向轩）就是牺牲了也没啥！别人的孩子能牺牲，我的孩子也是一样的……”

“是革命的骡子把你驮大的，是革命的乳汁养育了你！”向轩用心灵去领受和感悟贺龙对他的教诲，就这样在战火中一步一步，坚强地在枪林弹雨中成长。和平年代，他用行动一点一点地报答社会。向轩经常深入部队、工厂、学校、街道做革命传统报告，他用自己的行动激励着后人去继承革命先辈的优良作风。

# 抗日英雄三姐妹

文/赵洪波

**深山飞出三俊鸟**

灵丘县的南山区在抗战时期是雁北的根据地。河浙村位于河北、山西交界处。这里崇山峻岭，长天秋水，杨柳苍翠，是一个不足百户人家的村庄。抗战时期，八路军三五九旅后方医院曾长期驻扎这里，王震和国际共产主义战士白求恩曾在该村待过；抗日三姐妹就是在这块红色土壤上成长起来的。

那时，河浙村陈建国一家穷得叮当响。他生有三女两男。大女儿陈先生于1921年，二女儿陈莲雄生于1922年，三女儿陈书叶生于1925年。苦难的家庭，艰难的岁月，陈建国累死累活，依然是吃了上顿没下顿。穷人要翻身，就得闹革命。八路军刚刚开辟灵丘抗日根据地，陈建国就参加了抗战。陈建国一走，家里更揭不开锅了，三个俊俏的女儿饿得皮包骨头，姐妹三个下地干活常常轮换穿一条裤子。姐弟中陈先年龄最大，也最先承受生活的压力。陈先天生就倔强，母亲让她缠脚，她就跑，母亲继续和她较量，陈先赌气从院里摸了一把斧子扔到母亲面前，愤愤地说："你干脆把我的脚剁了算了！"母亲心肠软了，陈先胜利了。自家没钱不能读书，她就跑到学堂央求老师教，老师见她聪颖好学，就招她为旁听生，她也成为河浙村的第一个女学生。陈氏三姐妹个个聪颖好学，陈先就把自己学到的文化传教给两个妹子，“文化三姐妹”引得村里人啧啧称道，纷纷议论。由于家庭经济的窘迫，迫使母亲张罗着给她找了个婆家，把她嫁给繁峙县神堂堡村一个高姓青年农民，不到半年，陈先硬是摆脱家庭的羁绊，跑回河浙村。

### 三姐妹走上革命路

1937年11月，晋察冀边区派出以方国华为团长的八路军工作团到达灵丘县城，其中妇女同志有李玉峰（李剑鸣）、李玉寰（李佩卿）、李玉枝姐妹仨发动群众宣传抗日救国，宣传男女平等、妇女解放的道理，在他们姐妹仨的影响下，灵丘县也涌现出不少抗日的妇女干部。消息传到极为封闭的河浙村，陈先三姐妹激动得几乎掉下了眼泪，发誓也要参加抗日工作。

1938年夏天，八路军三五九旅后方卫生部一分所进驻河浙村。这些八路军卫生人员一边救治伤病员，一边发动群众宣传抗日救国。八路军战士的一言一行、一举一动更深深地吸引着陈先姐妹三人，她们主动接近八路军战士，每天跟着战士学文化，同时站岗、放哨、送情报、为八路军伤病员换洗药布、帮助医护人员做杂务活。八路军战士耐心地教她们学文化，学唱歌，学扭秧歌。通过一年多与八路军战士的接触，陈氏三姐妹懂得了许多道理，也坚信只有跟八路军走，穷人才能翻身。于是，她们悄悄地找到卫生部领导要求参加八路军，却未能如愿。终于机会来了，1939年8月，在时任交通站站长的父亲陈建国的积极鼓励和县妇救会主任的极力推荐下，大姐陈先实现了自己的梦想，成为曲回寺六区武委会妇女部长。陈先工作十分积极，她与区干部一起，发动妇女为部队做小慰问袋，送水、送鸡蛋、送粮食、做军鞋，每天钻山沟、爬山顶，翻山越岭，脚下生风，样样工作干得欢。很快，她加入了中国共产党。根据战争环境的需要，陈先化名为王海英。

在王海英的带动下，二妹陈莲雄也参加了革命，被派往下关区做妇救会工作。大姐、二姐投身抗日，报效国家三妹陈书叶当然心里极不平静。她三番五次说服母亲，硬是含着泪告别了家乡，

立在浑源官儿乡的纪念碑。碑上记载着王海英烈士的名字

参加了抗日队伍，担任一二〇师三五八旅兵站联络员。至此，三姐妹全部投身革命，实现了自己的人生理想。

### 王海英与敌同归

残酷的战争年代，居无定所，环境险恶，曲回寺六区政府辗转落脚到老潭沟村。1941年秋，王海英奉命到应山县一区任妇救会主任，到那里开辟新的抗日根据地。

在应山县对敌斗争中，王海英处处冲锋陷阵，早已把自己的生死置之度外，

抗战时期陈明和她的丈夫

她和其他干部一道，在枪林弹雨中屡次冒险抢救战友和老百姓，帮助、发动群众坚壁清野，表现出巾帼不让须眉的英雄气概。1942 年 7 月中旬，日军再次进行梳篦式的大“扫荡”，一连几天，王海英与三名区干部在牛心堡、黑狗背一带掩护群众转移。7 月 18 日黎明时分，他们从土岭（现归属浑源县）一路走来，即将走到铁虎沟村时，与敌寇相遇。狭路相逢，无处隐蔽。情急之中，王海英无所畏惧，对三名男同志说：“我实在是跑不动了，这样吧，我来作掩护，你们赶快跑。”三名男同志不接受。王海英说：“时间来不及了，你们赶快隐蔽，这是命令！”这时，王海英带着四颗手榴弹，避开三名男同志，暴露在敌寇的视野之下。当敌寇发现是一名“女匪”时，边朝天放枪，边喊着“捉活的，捉活的”，紧逼过来。三名男同志安全转移了，王海英在与敌寇周旋中，使尽最后力气扔出三颗手榴弹，高喊着“打倒日本帝国主义”“中国共产党万岁”的口号，拉响最后一颗手榴弹闯入敌寇群中，壮烈牺牲，年仅二十二岁。

当年，应县抗日政府在官儿乡立了纪念碑，碑中四十三名烈士中，就有王海英的名字。

噩耗传到家乡，乡亲们无不悲痛。弟弟陈建业回忆说：“小时候母亲逢年过节，常拉着我去村外给海英烧个纸，祭奠一番，这件事对我太刺激了，至今铭记在心。”

### 陈莲雄悬崖捐躯

陈莲雄小姐姐一岁，行为处事与姐姐一模一样。下关区境内山高路险，她经常独自一人爬高山，钻深沟，夜宿崖洞。那些年，灵丘南山遭灾，她与区干部一起挖野菜，吃草根。由于工作劳累过度，长期营养不良，全身浮肿，但她还是坚持战斗在抗日的第一线。通过长时期的交往，她与曲回寺村青年钟白孩产生了爱情，结为伉俪。1941 年，日军在下关设立据点后，抗战进入最残酷阶段，常驻下关的雁北地委机关全部转移，作为区妇救会干部的陈莲雄常常扮作普通农村妇女，穿梭在崇山峻岭，发动老百姓坚壁清野，掩护群众转移。

1942 年初春的一天清晨，陈莲雄从杨庄村到女儿沟去执行任务，走在号称“九梁十八洼”的苦安梁的羊肠小道上，天空雾蒙蒙，快到女儿沟时，山顶上闪出一股进山“扫荡”的日军。陈莲雄立即意识到自己已落入虎口，她形单影只，赤手空拳，面对二三十个狰狞毕露的敌寇，一身凛然，镇定自若，在敌寇“活捉女八路”的叫喊声中，陈莲雄与敌寇迂回周旋，在她被敌军逼到悬崖绝壁之处时，她从容地脱下棉袄包在头上就跳下万丈深渊。为了争取民族独立，陈莲雄献出了宝贵的生命，时年二十一岁。

**陈明挥泪酬志**

陈书叶参加八路军后，成为联络员，化名陈明。虽然年幼，但凭着自己对革命的忠诚和热情，她赢得了部队官兵的信赖。她聪明能干，能歌善舞，并兼任文工团文娱队员。经过艰苦斗争的洗礼和熏陶，她加入了中国共产党。先后辗转晋察冀边区的灵丘县、阜平县、繁峙县等地担任情报联络员。

1942 年这一年，陈明经历了两个姐姐分别血洒疆场的痛苦，她流干了眼泪，咬紧牙关，决心为死去的姐姐报仇！她向冀晋一分区要求到第一线去。时隔不久，组织上分配她到繁峙县抗日四区工作。在艰苦复杂的斗争环境中，陈明经常活跃在游击区，在枪林弹雨中出生入死，掩护老百姓的生命和财产，当时二区的戴明和四区的陈明成为繁峙一带很有名气的巾帼人物，老百姓尊称她们为“二明”。陈明机智灵活，组织上经常分配她到最艰苦复杂的地方，先后调任繁峙七区、城关一区妇救会主任，在患难与共的斗争中，陈明和时任县委书记的何青结成了“红色伴侣”。

1947 年下半年，她和丈夫何青一起随南下工作队赴山东阳谷、河南许昌等地开辟新区，并迎来了全中国的解放。中华人民共和国成立后，她先后在武汉百货公司、煤建公司等单位担负领导工作。1954 年又调任中央内务部工作。1960 年她与丈夫一同从北京调回山西，先后在山西水利学院、山西农科院等单位工作。1983 年离职休养，享受副厅级待遇。陈明无论在什么工作岗位，都尽忠尽职，尽心尽力，一直保持着老八路的优良作风和共产党员的优秀本色。离职休养后，她仍然发挥余热，关心国家大事，关心家乡发展。每当回到家乡河浙村，她对家乡贫苦的父老乡亲是嘘寒问暖，关怀备至。临走时，挨门逐户去和老人们告别，不忘悄悄塞给他们一个小红包。2006 年 1 月陈明走完人生最后一段路程，画上了圆满的人生句号。

陈家三姐妹，积极参加革命，英勇抗战的事迹成为当地的一段佳话，她们的故事在家乡的大地上流传着，人们传颂着，记忆着……

（本文摘自《党史文汇》）

抗战胜利 60 周年时中共中央、国务院、中央军委为陈明颁发的荣誉奖章

# 国际主义战士史元厚

文 / 安克骏　李　瑶

江流千古祭英灵，
山含万户悲壮生。
异国扫墓怀亲骨，
血铸友谊最峥嵘。

——武东

2004年4月清明节，我国驻朝鲜大使武东代表祖国人民祭扫了中国人民志愿军铁道部队烈士陵园。这里埋葬着千余名志愿军烈士，在祭扫中，武东写下了上面那首缅怀诗。在这个烈士陵园中，有一座竖立着铜像的单人墓，在里面长眠的英雄叫做史元厚。他是山东长清人，为救朝鲜落水儿童而牺牲，是一位罗盛教式的国际主义战士。

## 在战争中成长的少年英雄

像所有贫苦的农民一样，史元厚一生下过的就是苦日子，早早地尝到了生活的艰辛。

随着年龄的增长，史元厚加入了革命队伍。抗日战争中他加入儿童团，传送情报、站岗放哨；乡下每隔几天都有集市，他经常和小伙伴们去盘查日货、打击奸商；1945年，十六岁的史元厚参加了民兵。后来，他流落到济南拉洋车。在省城里他的天空更广阔了，革命思想也更加成熟了。1948年11月史元厚参加了中国人民解放军，并参加了淮海战役，为全国的解放贡献了自己的一份力量。1949年5月，史元厚所在的部队被改编为铁路人民警察部队、进驻上海。他身居闹市却一尘不染，经常关心别人，每逢战友有病，他就送汤送药，热情照顾。他艰苦朴素，衣服破了缝补后再用，发了新衣服送给战友穿，并刻苦学习文化。经过几年的战争锻炼，在血与火的考验下，他从一个贫困农民的孩子成长为一名坚强勇敢的革命战士。

“儿行千里母担忧”，史元厚老家里尚有老父老母。这对老人像所有父母一样，不管儿子的岁数有多大，还把儿子当小孩看待，总怕儿子冷了不知添衣，饿了不知道吃饭。即使是千里迢迢，家

史元厚纪念堂

里也要托人捎去做娘的在灯下连夜赶出的老山鞋，还要在信上千叮咛万嘱咐，就怕儿子晚上睡觉不盖被，受了凉。史元厚参军在外的日子里，家里的双亲和大部分农活都是辛绍英来照顾和打理。辛绍英是史元厚没过门的妻子，她虽然是个乡下姑娘，但不像早些年的妇女那样只知道刷锅烧饭抱孩子。辛绍英在镇上念过书，是农村为数不多的有文化的女孩子。史元厚曾经写信问她想要什么东西，猜想无非是些女孩用的花儿粉儿之类的东西。但辛绍英的回信却让史元厚大吃一惊：绍英要的是钢笔。

转眼史元厚参军已有三年，在军队中的三年里，无论在思想上还是行动上史元厚都有了更大的进步。有一天他接到父亲的来信，老人家说："你爹老了，生活什么也不缺，就是缺个孙子，要是你肯听话，最好早一天回家成了亲吧。"史元厚的心被搅乱了，几乎一夜未眠。第二天起来他便向上级写了申请书。他素来爱说爱闹，永远不恼，别人也爱找他开玩笑，顺着史元厚的乡音都叫他"史落后"。战友们见他写申请书，笑着四处嚷："'史落后'打报告要娶媳妇了。"史元厚应声笑着说："就是嘛，你管得着！"他连续写了七次报告，但他要求的不是回家，而是到抗美援朝的最前线去。

**用生命谱写中朝友谊**

1953 年 2 月，史元厚跟着队伍到了朝鲜，他是怀着保卫祖国、保卫家乡、保卫和平的信念来到硝烟弥漫的朝鲜战场上的。但是在目睹了被侵略者的飞机、大炮轰炸成断壁残垣的工厂、楼房，看到处在水深火热中无辜的朝鲜人民，他明白了这样的事实：必须努力奋战，保卫中朝人民不被侵犯。在平时的训练中，他克服重重困难，苦练军事本领和技术，立志把自己锻炼成最坚强的战士。

史元厚有山东人特有的直爽开朗与憨厚朴实。他在朝鲜战场上总是吃苦在前，享乐在后，总把脏活、累活往自己身上揽。入朝初期，由于携带了大量的弹药和粮食，每个战士都要背很多东西，这样在山峰连绵、冰天雪地的环境下行军更为艰难。连续几天的行军使史元厚走起路来一拐一拐的，但他还是忍着疼痛，帮助其他的战士背粮食、扛机枪。队伍到达朝鲜的第一天，史元厚和战友们就立即投入了打坑道、挖工事的工作，为进行反登陆作战做准备。挖战壕的手磨起了血泡，扛木头的肩膀被压破了皮，但史元厚从不叫苦怕累。他心里明白：挖工事是胜利的保障，既能保存自己，又能杀伤敌人。因此，他并不因为只在这里挖工事、不能上战场杀敌而懊恼。有一次一个挖山洞的任务，要求在极短的时间内完成。时间紧任务重，铁锹等工具不够用，他和战友们就用手挖。石头一块一块的被挖出来，泥土被一捧一捧的捧出去，指头磨得钻心地疼。他和战友们一气儿干了五十七天，按时完成了任务。

还有一次，山洞里的一辆军用车突然失火，他和战友们奋不顾身地全力抢救，终于扑灭了大火，保护了军用物资。1953 年 5 月，美机轰炸顺安地区石岩贮水库，他冒着生命危险，和战友们与洪水搏斗，在激流中，他们捞电线杆、接通电线，抢救被冲走的财物，保护了人民的生命财产。

山东人直爽憨厚，史元厚也不例外，别人说话的时候他总爱插嘴，有时还说

得牛头不对马嘴，惹得战士们笑他，但他从来不恼火。如果别人被他逗恼了，他会一个劲儿地道歉，直到把别人逗开心为止。在穿戴上史元厚从来不讲究好看，衣服鞋袜总是缝了又缝、补了又补的。部队上新发的鞋子他从来都舍不得穿，但是如果看见哪个战友的鞋子坏了，他会毫不吝啬地拿出自己的新鞋子。他就是这样一个人：耿直憨厚，和谁都处得来。无论谁有了困难，他总是竭尽全力地给予帮助。在生活中，史元厚是个普通的无法再普通的战士，可是就在这样普通的战士的胸口里，却藏着一颗高尚的心。

1953 年春天的夜晚，还是春寒料峭。史元厚站在山头的哨位上，守望着朝鲜的国土。山风吹起一股青草的香气，这种带着泥土气息的青草味，像是他从小便闻惯了的家乡的空气味道。一时间，仿佛他守卫着的不是朝鲜，而是他的故乡。他似乎看得到家里人正在做什么：父亲披着棉袄，擎着根麻秸火，咳嗽着，正在给牛拌夜草；母亲坐在热炕头上，摇着纺车，不用灯照亮，纺的线依然顺滑光亮；还有他的爱人辛绍英，坐在麻油灯下，歪着头给他写信。想起家乡的爹娘和爱人，想起临行前的嘱托，史元厚保卫朝鲜的心更坚定了。

当时连里正在学习邱少云的事迹，史元厚被深深震撼，不像往常一样爱说爱笑了。战友们关心他是不是生病了，他却说：“我也不怎么的！出国的时候就想要在朝鲜战场上立下一番功绩，可现在光蹲在朝鲜，一点功劳没有，将来回去，怎么见祖国人民和家乡的父老乡亲？看人家邱少云！”他心里暗自下了决心，要用整个生命去做他应当做的事，就像邱少云一样。

时光荏苒，转眼到了冬天，朝鲜前线又飘起了雪花。1953 年朝鲜停战协定签订几个月后，祖国的亲人又冒着风雪来慰问志愿军了。到史元厚那个部队的是一个蒙古文工团，团员们都住在宿营车上，就停在安州车站附近。史元厚和几个战士被派去担任警戒任务。车站背后是一带土山，当地人称之为龙潭岭，山脚下有一个大水塘，叫作龙潭池，里面的水足有一丈多深，夏天常有人在里边洗澡。而冬日的龙潭池寒风凛冽，零下二十多摄氏度的严寒使湖面上结了一层冰，像镜子一样亮，这里变成了孩子们最留恋的滑冰的好地方。

1953 年 12 月 1 日，一个阴沉的冬日，慰问团的同志将要到别处去了。警卫战士都打好背包，下了宿营车，打算回连队里去。史元厚是特别重感情的人，觉得这一分手，不知哪天才能再见到祖国的亲人，所以非常的留恋。战友们走出很远，史元厚才提着枪下车，恋恋不舍地望着慰问团。战友们才走出没多远，一个朝鲜老乡匆匆忙忙赶上来对战士们说有个志愿军落水了。大家立刻想到了史元厚，急忙往回跑，只见龙潭池的冰面塌了一大块冰，岸上丢着史元厚的枪和衣服，人却不见了。一个十岁左右的小孩坐在冰面上，浑身上下滴着冰水，哭都哭不出声了。

原来这个小孩刚才蹲在耙犁上滑冰，谁知冰突然裂了，他一下子陷了下去。小孩的两手扒在冰上，水已浸到脖子，眼看就要支撑不住沉底了，孩子吓得哭喊起来。史元厚正好走到这里，听到孩子的哭喊声，他立刻扔下枪，脱下衣服，几步滑到小孩跟前，伸手去拉小孩。谁知裂开的冰面承受不住两人的重量，呼隆一声，冰面又塌了，两个人都落到水里。猛然间掉进寒流刺骨的湖水中，史元厚的全身立即像被针扎了一样。只几分钟的时间，全身就变得麻木。破碎的冰凌划破了衣服，双腿渐渐失去知觉。湖水淹没了他们两人，冰冷的湖水不断灌进嘴里。“必须尽快把孩子送上去，否则他会有生命危险！”史元厚用尽全力想将孩子推出水面。他从水里露出头来，双手托着那个小孩，可一转眼又沉了下去。他又钻上来，又沉下去。等第三次钻上来时，他用尽力气一推，把小孩推到冰面上，他自己却耗尽力气沉到了湖底，再也浮不上来了。

当战友们把他从水里抱上来时，史元厚的胸口已经冷了。他用他整个生命做完他应当做的事后悄悄地走了。这一年他只有二十五岁。为了朝鲜人民的儿童，他奋不顾身地献出了自己的生命。这就是中国人民培养出的好战士，这就是山东大地哺育的好儿女。他和朝鲜战场上牺牲的英雄一样，值得我们永远怀念。

史元厚救出的孩子叫赵元弘，住在龙潭岭背后是一个叫作三龙里的村子里。孩子的父亲是劳动党员，1950 年秋天敌人进攻朝鲜时，惨遭杀害。后来母亲也被炸死，赵元弘便靠伯父收养。赵元弘的伯父已经是位六十多岁的老人了，听到史元厚为救元弘而牺牲的消息后他非常悲痛。老人眼里含着泪指着小孩，颤着音说：“都是为这个孩子，志愿军死了，我永远也忘不了！”

## 龙潭岭上的永恒纪念

谁又能忘得了呢？这个罗盛教式的国际主义战士、这个为救别人献出自己生命的年轻人将永远活在中朝两国人民的心里。12 月 5 日朝鲜平安南道安州郡人民及所在部队三千多人为史元厚举行了最隆重的葬礼和追悼会。史元厚被装殓好，平平静静躺在那儿：他的面貌一点也不惊人，只是个憨厚直爽的山东汉子；他的神情很从容，就像睡着了一样。朝鲜人民把史元厚葬到了三龙里的龙潭岭上，并把这座山改名为“史元厚岭”。山下临着龙潭池，史元厚就是在这儿把他的生命献给了朝鲜人民。人们将烈士的牺牲地——龙潭池被更名为“史元厚池”，以表示对他的永久纪念。史元厚是个战士，临下葬的时候，战友们朝天放了几排枪，这是一个战士应得的尊荣。虽然他没有牺牲在战争的炮火里，可是他的死一样光荣，他用自己的生命谱写

史元厚宣传画

了感人至深的中朝友谊篇章。

史元厚被埋葬了，但他那颗伟大的心却依旧跳动着，跳动在千千万万中国人民的心坎里。为了朝鲜战争的胜利，躺在朝鲜战场上的中华儿女不止他一个人啊！他那奋不顾身、勇于救人的品质，继承自黄继光、罗盛教，继承自文明悠久的山东大地。史元厚牺牲后，国内和朝鲜都掀起了向他学习的高潮。史元厚奋不顾身、勇于救助朝鲜儿童的事迹将永远激励着战友们。

12 月 5 日，中国人民志愿军领导机关追认史元厚为中国共产党党员，授予他一等功臣、二级爱民模范的称号。12 月 8 日，史元厚牺牲的消息传到家乡，家乡的父老乡亲都为他落泪。烈士的遗骨被永远埋葬在了异国的土地上，但家乡人民将永远记得这位舍身救人的国际主义战士。山东人民为了纪念他，在他的家乡建起了史元厚烈士纪念堂。这座坐落于马山乡潘庄村的史元厚烈士纪念堂，于 1954 年 11 月 18 日竣工，占地面积 1.6 亩，房屋十七间，国家投资三万元。纪念堂为三合院，大门呈八字形、砖券门、青石墙基、玻璃门窗的现代瓦房，院内正房五间纪念堂。纪念堂正房迎门悬挂着烈士的遗像，两侧有原铁道部部长滕代远题写的“罗盛教式的国际主义战士史元厚烈士永垂不朽”的巨幅挽联，赵元弘也为他写了挽联：“史元厚烈士永垂不朽”。另外还悬挂着铁道部、上海铁路局、山东省政府等处送的挽联。每到清明，人们都会自发地前去吊唁。孩子们则从小被告知长清有这样一位英雄，他用自己的生命挽救了一个落水的朝鲜儿童，他是山东人永远的骄傲和榜样。

朝鲜战争结束后，史元厚与在朝鲜战场牺牲的战友们被集中安葬于平安南道的铁道部队烈士陵园。当地的村民修整了通往陵园的盘山路，还在山坡上种植了许多松柏，真诚地美化着象征着血铸友谊的这片烈士陵园。1985 年，为纪念中国人民志愿军入朝作战 35 周年，朝鲜政府为史元厚修建了铜像，安置在他的墓前。史元厚的名字和光荣事迹铭刻在龙潭岭上，他英雄的壮举和不朽的事业，像巍然屹立的龙潭岭一样永世长存。史元厚虽然长眠在异国的土地上，但是祖国人民永远不会忘记他。史元厚用自己的行动谱写了中朝友谊，这段用生命和鲜血铸成的友谊将世代流传，永远不息！

新安州志愿军烈士陵园

新安州志愿军烈士陵园位于朝鲜新安州市，是为纪念铁路运输战线上光荣牺牲的烈士而修建的。志愿军铁道兵在抗美援朝战争中，面对敌人强大的空中力量，粉碎了敌人实施的绞杀战，建成了“打不烂，炸不断的钢铁运输线”，陵园占地两万平方米，共有七个合葬墓和两个单人墓，安葬着史元厚、王景连、赵秀文等一千一百七十八名烈士。

# 遵义大捷

## ——血战娄山关

文 / 谢振华

桐梓城向南行十八公里，就是著名的娄山关。关北的山下，有个叫红花园的村庄。1935 年 2 月 25 日，我们红三军团就是从这里向娄山关发起进攻的，这次战斗，是取得整个遵义战役胜利的关键。遵义会议以后，部队在扎西进行了整编，我们红三军团所属的各师，整编为四个充实的团（即第十、十一、十二、十三团）。各师师部撤销，从师长、政治委员到连、排、班层层下放，我们五师政委钟赤兵同志任十二团政委，我到十二团二营任教导员。整编结束后，我军趁黔北空虚之际突然回师东进，再渡赤水，进入桐梓地区，即准备急速南下，再次攻取遵义。

据情况通报，遵义的北大门娄山关至板桥一线，仅有黔军王家烈部两个团防守，但遵义附近的敌人正在组织增援。同时，蒋介石的中央军两个师也正由贵阳向遵义方向开来。军委命令，整个遵义战役由红一、三军团担任，并要在增援的敌人到来之前，首先拿下娄山关，乘势再夺遵义城。2 月 25 日拂晓，担负三军团前卫任务的十三团向娄山关守敌发起进攻，一开始战斗就打得相当激烈。娄山关自古就以军事要隘而闻名，关口

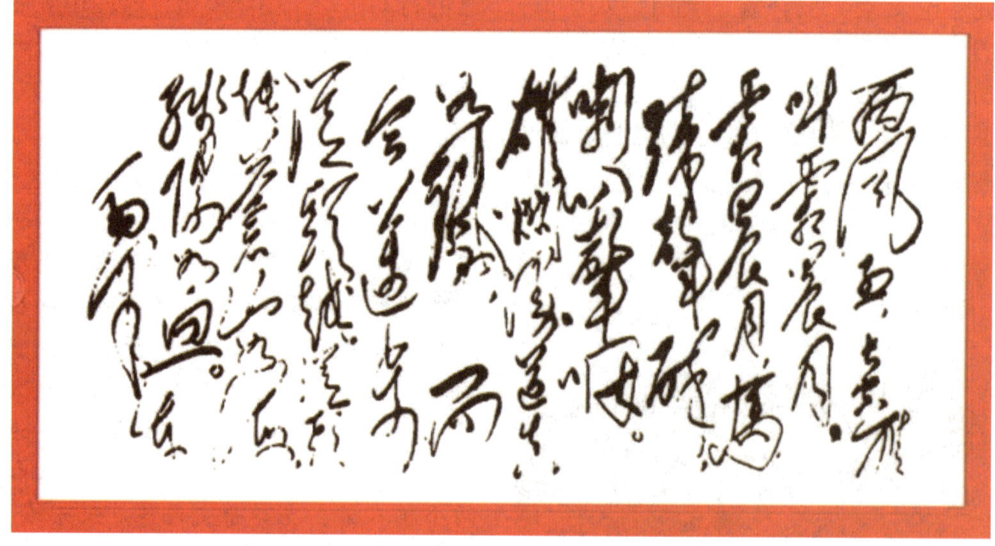

毛泽东写于 1935 年的《忆秦娥·娄山关》

地势险要，四周是崇山峻岭、悬崖峭壁，两山之间只有一条公路，仿佛丫口和漏斗，两座千米高山，居高临下，真有“一夫当关，万夫莫开”之势。尽管这样的地势利守不利攻，利敌不利我，然而十三团的战友们打得猛，冲得快，从山脚一气儿打到山顶，很快占领了山丫口两侧的制高点——点金山和大小尖山。

这一仗关系到我们能否及时再占遵义，扭转战局，也关系到黔军能否在中央军到达之前守住遵义，因此，敌我势在必争。我们打得英勇，敌人拼命反扑。在十团、十一团向左右两侧迂回的同时，我们十二团在十三团占领高山阵地后，即由二梯队变为主攻，直接从山丫口的公路通过投入战斗。最先进入战斗的是我团三营，他们冲到黑神庙，就遭遇敌人约一个团兵力的反击，敌众我寡，三营受挫，被敌人从黑神庙压回约几十米，我们二营随即猛扑上去，向敌人发动攻击。敌人凭借人多火力猛的优势，又把三营压退了一小截。我随五、六连冲下关口不远，在黑神庙半坡一个山凹处，见到了我营前卫四连指导员丁盛，他报告说，前面敌人火力很猛，三营受阻，同时告诉我，随三营行动的团政委钟赤兵同志负伤后还未下来。我当即向丁盛交代：“告诉你们连长，必须把敌人压下去，五连、六连随即支援你们。”并特别强调，要不惜一切代价把钟赤兵政委抢救下来。接着，我同战士们一起向敌人的反击部队冲去，终于把敌人打下去了。

我们冲到黑神庙附近半山坡，看到钟赤兵政委躺在路旁山洼的草地上，一位参谋正和警卫员彭登云一起为他包扎伤口，鲜血从他的左腿上渗出来，由于连续急行军的疲劳和负伤后失血过多，钟赤兵已经是半昏迷状态，不能动了。我同钟赤兵同志相识于中央苏区，1934 年我从中央红大毕业后，总政治部分配我到红三军团五师十四团任政委，当时的师政委陈阿金同志在万年亭战斗中牺牲后，即由钟赤兵同志接任师政委。他年长于我，为了做好红军的政治思想工作，我常常求教于他，在较多的接触中，深感他是一位对党忠诚的优秀党员。对我来说，他更是一位谦和的兄长，他严于律己，宽以待人，对下级和战士更是诲人不倦，关怀备至。从长征到云南扎西整编后，我们一直战斗在一起。看到他身负重伤，我不胜难过和愤慨，便吩咐身边的同志，赶快把钟政委安全抬下战场，接着举枪高呼：“同志们，敌人反扑上来了，坚决把它打下

娄山关战斗遗址

娄山关亦称太平关、位于遵义、桐梓两县交界处，是川黔交通要道上的重要关口。1935 年 2 月 25 日至 26 日，中国工农红军第一方面军与黔军大战娄山关前，经过反复争夺歼灭黔军两个团，揭开了遵义战役的序幕

谢振华将军在娄山关前

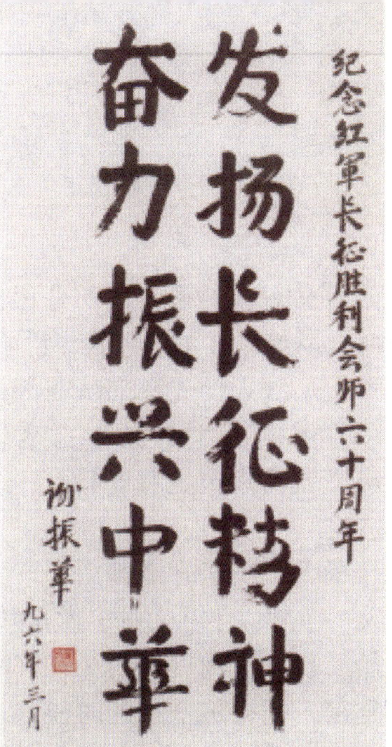

谢振华将军题词

去！”我营如猛虎下山，很快就把敌人压了下去。我们十二团沿公路猛追敌人，沿途杀伤甚众，路边沟底和稻田埂上，随处都可见敌人的尸体、伤兵和武器。有的俘虏蹲在地上，乖乖地向红军缴枪。

这天的战斗从天亮开始，经过两个多小时激战，歼敌两个团，夺取了娄山关。我们全军团的各部队并没有就此停顿，更没有歇脚，而是沿公路向南，乘胜朝遵义方向急追！

尽管我们也很疲劳、饥饿，但战士们仍然精神抖擞，以锐不可当之势紧追敌人，大家只恨自己的腿跑得不够快。我们队伍行至板桥，见到彭军团长和邓萍参谋长。他们两位是紧跟十一团从娄山关的东侧向南迂回过来的，赶到了我们正面攻击部队的前头。这时，四面还响着稀稀落落的枪声，彭军团长看到战士们这样英勇追击敌人，非常高兴地对我们说："你们打得好，追得快，要继续追击下去，不给敌人喘息的机会。"他的话，对我们是极大的鼓舞和激励，我边走边把彭军团长的命令向各连传达。战士们士气更加高昂，追击的速度更快了，边追边打。有个福建客家籍的轻机枪班长，身材高大，体格壮实，他跑到队伍的前头，紧追逃命的敌人，一边跑步一边射击，只见弹壳从他端枪的右侧乒乒乓乓不断地迸出来，被击中的敌人东倒西歪。在我们猛烈的冲击下，敌人狼狈逃窜，溃不成军，鬼哭狼嚎地散落在路旁和山间的夹缝中。

我们遵照彭军团长的命令，越过板桥，追到十字坡以后，又在高坪、董公寺一线击溃了赶来阻击的黔军四个团。这样，我们十二团和十、十一、十三团的部队，从娄山关一直打到遵义城下。

2月27日下午，我们红三军团逼近遵义城外，部队进至老城北门对面的凤凰山、小龙山下，抢占了新城城边的村寨，控制了芙蓉江的跳蹬河至洗马河滩一线，与老城之敌隔河相峙。为了迅速拿下新城和老城，军团邓萍参谋长亲自带着我们营以上的干部，冒着敌人的枪弹跳跃前进，追近到城下跳蹬河滩边，隐蔽在附近土墩的草丛中，用望远镜观察地形和敌人的守城部署。邓参谋长给各团、营干部传达了彭总的决心：要在当天晚上攻下遵义城，以便第二天歼灭增援遵义的中央军。就在这时，邓萍参谋长不幸中弹牺牲。这时正是夕阳西下的时刻，天寒风冷，夜雾初起，许多干部眼望着这位受大家崇敬的忠于党和人民的优秀指挥员为革命事业献出了生命，都流下了眼泪。全军团听到邓参谋长壮烈牺牲的消息，无不悲痛。彭军团长是一位意志坚定、感情内敛的革命家，这时也因为失去了这位亲密战友而热泪盈眶。

他和邓萍同志为了实现共产主义的志向，有着生死患难的革命情谊。邓萍同志少年投身于革命，是党派到黄埔军校的早期毕业生，有很高的政治和军事素养。平江起义前，他就是党派到彭军团长所在的部队中的共产党员之一，他英勇沉着，多谋善断，是彭军团长的得力助手，也是指战员爱戴的出色领导者。他在遵义大捷前夜，没有来得及看到他直接部署的战斗获得胜利，就献出了自己的生命。当晚，我们军团的干部、战士怀着为邓萍同志复仇的满腔怒火，向遵义新、老城发起了猛攻，一举歼灭守城之敌。从娄山关到遵义城先后歼灭和打垮了王家烈六个团，终于在中央军未赶到之前，先敌占领遵义，取得了重大的胜利！

2 月 28 日的遵义城，我们在欢庆胜利的同时，准备迎击蒋介石的中央军。果然不出所料，蒋介石嫡系吴奇伟率五十九、九十三两个师，星夜兼程从贵阳向遵义赶来。红三军团以黄克诚同志为政委的十团和以彭雪枫为团长的十三团，迅速占领控制全城的制高点——老鸦山，以及红花岗、插旗山、碧云峰一线的山地要点，构筑防御阵地。一军团的第三团和三军团的十一团奉命分别向懒板凳和鸭溪方向迎击敌人。我们十二团根据军团命令，在遵义通向贵阳的公路以西迂回，准备向敌侧背进攻，配合正面防守部队，歼灭向我老鸦山、红花岗一线进攻之敌。

敌人首先向老鸦山发起攻击，在那里的争夺战打得十分激烈。

吴奇伟所部是蒋介石的嫡系部队。这次向遵义进攻的两个师，是蒋介石亲自授命长期追剿红军的部队，骄横跋扈，不可一世。敌人的先头部队在懒板凳一带同一军团第三团接触后，接着以主力转向遵义城西南侧主峰老鸦山一线阵地展开进攻。

三军团十团坚守老鸦山，该团经受了敌人一个师以上兵力的多次猛烈进攻，敌我短兵相接，肉搏相拼……有的阵地失而复得，打得最危急的时候，老鸦山主峰一度被敌人占领。在这最紧张的时刻，彭军团长根据军委的指示，命令陈赓团长和宋任穷政委率领的干部团配合十团进行坚决反击，并一举夺回主峰阵地。这场恶战，我们虽然付出了不小的代价，但也使敌人遭受重大伤亡，敌人始终被阻于山下。

战斗进行到当日下午五时左右，军团下令向进攻之敌实施全面反击。我十二团、十一团的迂回部队逼近敌人背后时，敌人一片混乱，当其还未来得及调整，我们就发起了进攻，经一阵猛烈火力和冲杀，打得嚣张一时的中央军毫无招架之力，他们比不上王家烈的地方军跑得快，又人生地不熟，不如地方军会躲藏，因此，这两个师的大部就这样在老鸦山脚下和半山坡上，被打得伤亡惨重，失去再战的能力。加之红一军团主力在遵义至贵阳公路东侧由北向南发起进攻，吴奇伟看战局对其不利，慌忙下令向贵阳方向撤退，被我红一军团猛追至乌江边，将其全歼，只剩下吴奇伟单身逃回贵阳，向蒋介石请罪去了。

# 回忆袭击日军的几次战斗

口述／黄大光　整理／朱开宁　邢书龙

1939年2月10日，日军军舰在琼山、海口登陆，开始入侵海南。接着，日军向全岛各地侵犯。次年初保亭失守，日军在保亭县烧杀抢夺，肆无忌惮无恶不作。保亭县各族人民陷入水深火热之中。

原来的抗日地方武装头领王昭夷投靠了日本，还充任了日伪保亭县维持会会长。1942年9月，王被日军杀害，他所遗留的十多支长短枪落到他堂弟王昭信手中。王昭信因此组织了一支民间自卫队伍准备抗日。我与王昭信私交较好，加上我从小疼爱的妹妹和妹夫在村里被日军残杀，我更加痛恨日本侵略者。当我同群众互相诉说了妹妹与许多同胞遭受日军屠杀的惨状后，家国仇恨涌上心头，我要去打日本侵略者。回到家乡我便去找王昭信，加入他的队伍去报国仇家恨。

## 夜持尖刀杀入敌营

1942年秋，日军在保城开辟什岭据点，派兵进驻，日军在此地修筑工事和住所。我悼念完妹妹后回家，特意绕道此地，仔细侦察敌情，看到敌营防备很差，就产生了组织力量袭击敌营的念头。王昭信听了我的汇报，立即答应由他组织兵力开始行动。

9月上旬的一天凌晨，王昭信带着包括我在内的八人从南圣出发，下午到达什岭，在敌营附近的山丘上隐蔽起来。我和王昭信在侦察了敌情后认真做了部署。

午夜，周围一片漆黑，我们一队人提着尖刀手挽手匍匐前进，挨近敌营。身材高大的黄永义爬进哨岗，制住哨兵，然后大伙一起冲进敌营。敌人从熟睡中惊醒，急忙下床欲持枪抵抗。但是，迟了，我们奋力挥刀，敌人慌乱抵抗，抱头鼠窜。战斗了一阵，我们把敌人制服了，便退了出来。后来获悉：翌日保亭日军开来两辆卡车秘密把这些日军的尸体和伤病员运回保亭县城。我们首战什岭告捷，日军大为震惊。

### 枕戈待旦　截击日军

袭击什岭敌营成功后，我们士气大增。但看到日军的气焰日渐嚣张，我们提出到敌占区公路上截打日本军车的想法，王昭信欣然同意。

1942 年 12 月 6 日，王昭信和我带领十二名战士从家乡南圣出发，在翌日黎明来到保亭通往什岭公路的六路桥段。经过我们仔细的侦察、研究，决定埋伏在公路旁一处制高点的山丘上截打日军军车。上午 10 点左右，一辆满载布匹和其他物资的军车从县城方向开来，我们认为袭击这类车辆的意义不大，便让其驶过。下午 2 时许，我们正着急之时，又一辆军车载着全副武装的四个日军驶来。大家的精神一下子集中起来。等到敌车一驶进埋伏圈，我们便开始集中火力，制服敌司机。敌车车头马上翻进沟里，车尾倒竖。四名日本兵翻落在地上，开始找枪反抗，由于我们事先已经部署好了，很快他们就被我们消灭了。我们还缴获了匣子枪一支，长枪四支，长剑四把，子弹一批。由于形势紧急，我们在战胜敌人后，迅速撤离了现场。

缴获了战利品，我们高兴极了。但考虑到当时的情形，王昭信把我们缴获来的枪支送交了当时的琼崖守备司令王毅。王毅当时也给我们配发了一挺手提机枪、二个地雷、三十枚手榴弹和四箱子弹。

此后我们配合过国民党军队作战，采用过地雷战等战术打击日军。

### 反击“围剿”　解救同志

1943 年春，共产党地下工作人员林泉、王昭英（王昭信胞姐）等在五弓、六弓发动组织群众，开展抗日救亡活动。日军对此恨之入骨。

8 月 16 日，二百多名日伪军带着一批民工到五弓、六弓一带抢劫粮食，声言要杀绝共产党。在此危急关头，王昭信见日军如此嚣张地屠杀老百姓，迫害共产党，也为了支持姐姐革命，他火速派兵支援，从背后袭击日伪军，解救群众。王昭信立即率领队伍，全副武装，连夜驰援。18 日早，我们赶到六弓石艾

保城所在的五指山地区是当时著名的抗日根据地

村背后的山上，远远看到大群日伪军包围了石艾村，逐家逐户地搜人抢粮，全村百姓被赶到村旁一处集中，一个翻译官坐在一张矮凳上，谄媚地同日军讲着话，我们个个无不气愤。等待好了时机，我们一扣扳机，那翻译官应声倒地。接着大伙儿呐喊着冲下山去，敌人慌乱撤退。考虑到村民的安危，怕百姓受到伤害，我们没有大规模作战，消灭了两名日本兵，打伤了几名日伪军便转移了。这次行动还同时保护了共产党地下工作人员的安全和抗日工作的展开。

翌日，敌军溃逃，林泉、王昭英同志在大感岭上同我们会面，大力赞扬了我们的抗日行为，并表示要一同抗日，保护老百姓。那时，受到日军侵略的六弓一带老百姓无不欢喜庆贺。

# 大悟山反日军“铁壁”合围战

文 / 彭其光

1942 年 9 月，我四十五团又称师部警卫团，奉命临时抽调约两个营的兵力，参与围歼顽军保安四旅、打援三十九军的战斗任务完成后，胜利返回大悟山滚子河师部驻地，继续负责担任大悟山周围的警戒和师部的门卫岗哨任务。

我部队在此期间，除警戒任务外，大部分部队在此进行休养生息、加强训练、恢复元气，同时还要时刻了解周围敌情（日、伪、顽）动向。

1942 年是个灾荒年，天旱无雨，有的地方颗粒不收。人民群众的生活很艰苦，部队的供应也很差。这时已进入冬天，但气候并不寒冷，在这平静的军营生活中，突然听到师部传有个姓赵的参谋失踪，这引起师领导的重视，经查实此人已投敌叛变。因他了解首脑机关一些军事机密情况，师领导立即做了撤离、转移的部署。随之敌情突变，日军、伪军各据点的部队调动频繁，又据侦察情报证实，敌人有进攻我大悟山根据地的迹象。

五师司令部召开紧急会议，各旅、军分区的负责同志到会，气氛紧张，工作人员面色凝重，大家都知道可能敌情严重。后接师部敌情通报说，日军和伪军共一万多人，分十四路沿公路、铁路形成包围圈，向我大悟山根据地扑来。又据侦察情报证实：驻应山日军第三师团、驻应城的第五十八师团、由咸宁调到武汉的第十七旅团等均已出动，日军还将广水、安陆、随县的伪军十一师李宝琏部，驻信阳的伪军十二师张启璜部组织起来，妄图围歼我新四军五师师部和在大悟山的我主力部队。敌人如此兴师动众，目的就是围歼我五师主力，摧

位于湖北省大悟县的新四军第五师练兵场旧址

毁我大悟山根据地首脑机关。

这次行动，是由日本中国派遣军火田俊六大将策划，命令武汉派遣军头目西尾坐镇指挥。他们采用华北“扫荡”的做法，即“铁壁合围”战术。

我五师司令部决定“避其锐气，待其疲惫而歼之”。由十三旅部队负责将机关、后勤分成若干路，趁敌人还未封锁之前，迅速跳到外线去，然后派部队插入敌后，四面出击，粉碎敌人的进犯。同时布置地方部队，破坏敌人公路、电线，正规部队配合地方部队袭击日军据点，发动群众“坚壁清野”，把群众和粮食物资转移到安全地方。最后，布置四十五团留下一个营，与礼山县大队配合，坚持内线斗争，在大悟山内开展麻雀战，牵制敌人，消耗敌人有生力量。

五师司令部最后强调，在大悟山的机关、地方政权、群众没有转移撤完之前，四十五团的警戒部队，不准离开大悟山。此时我四十五团认为敌情既然十分严峻，这场恶仗不可避免，同志们都做了思想准备。这种等待转移、撤退完毕的焦急心情，使人时时刻刻不得安宁。

12 月中旬一天下午，接师参谋处通知说：“司政后机关已转移，地方干部和群众撤走完毕，现在只有你团的一支部队，敌情越来越严峻，你团立即撤离大悟山，向平汉路西转移。”当天下午撤除哨所，集合部队，提前吃晚饭，天还未黑我团部队即离开驻地，向西行进。天渐渐黑了下来，在行军途中发现日军大部队进山，我团部队出山，路中间隔着一条三米多宽的水沟。进山的路与出山的路之间，相隔不到十米远，日军行进时的皮鞋声和军马的马蹄声，他们沿路讲的日本话声，我们都听得很清楚。但因为天黑加上树林的遮挡，我们看见了敌人，但敌人并没有发觉我军。此时，大家都意识到日军“铁壁合围”五师大悟山根据地已经开始，深感敌情严峻，我团每个人屏着呼吸，放轻脚步，加快行军步伐，尽快突出敌人的包围圈。当我部队两个营和一个团部走出大悟山麓，跳出了敌人的第一层包围圈后，同志们悄悄地松了一口气。再往前走，我先头部队到达平汉铁路附近时，我才知道这是敌人布置的第二层包围圈。团长曹玉清同志命令部队在离铁路一里多路的一片小松树丛林里隐蔽下来。这里是一片灌木丛林的丘陵地带，隐蔽着我四十五团（警卫团）的团部和两个营的兵力，我军仍处在敌人包围圈内，在此要高度戒备，不准暴露目标，规定不准走路、不准讲话、不准吸烟，一律躺卧在丛林树下，隐蔽起来，凡暴露目标者军法处置。

第二天拂晓，在茂密的丛林树下，隐蔽着我团全体指战员，此时人人关注着敌情动向。大悟山里的炮声、机枪声大作，敌人的飞机丢下炸弹，另有两架飞机在我隐蔽地上空盘旋侦察，搜索我部队目标。敌机反反复复搜索了一天，这一天对我们而言是最严峻的一天。第二天又是这样搜索了一天，平汉铁路沿线布满了敌军部队，夜间灯火通明，探照灯不停搜索，我四十五团隐蔽在敌人鼻子底下，始终没有暴露我军的踪迹。这真是太危险了啊！第二天一直到晚上，大悟山里的枪炮声渐渐平息，趁夜深之时我们派人到附近群众家弄些吃的，这么多人弄点萝卜白菜根本无济于事。有人说青草可以充饥，于是不少同志嚼起了青草，虽有股草腥味，但细嚼中还有

第五师纪念馆

点甜味。

我们被围困的第三天夜里我侦察了解到防守的薄弱地段，请了一位向导，在敌军还在熟睡之时，我四十五团全部人马，冲过平汉铁路的封锁线，跳出了敌人最后一层包围圈，我部队无一伤亡和掉队。这一次跳出敌人重围的胜利，也是对我部队的一次重大考验。我新四军五师部队，在师长李先念同志亲自指挥下，巧妙地粉碎了日军重兵合围我五师根据地阴谋，取得的重大胜利受到了党中央周恩来同志的表扬。

# 我与日军的五次战斗

口述 / 黄义成　整理 / 黄海山

## 深夜遭遇战

1944 年的 7 月，我在绩溪参加鸡公关战斗后，由于俘虏逃跑，我的身份暴露。国民党五十二师和绩溪、旌德两县的国民党地方行动队、自卫队报复“清剿”，到处搜捕我。我在绩溪、旌德一带已经无法再公开活动，我的老首长唐辉（当时化名老郭）同志考虑到我的安全，不但把我由秘密战线转到游击队，还让我离开绩溪的游击根据地，将我调到活动在泾（县）旌（德）宁（国）宣（城）游击根据地的皖南新四军游击队刘桂生、吕辉部。我怀揣着唐辉同志写的介绍信，于 1944 年 7 月底，和我的战友程继生一道，跟随刘桂生、吕辉部的两名交通员到了刘桂生、吕辉部。

1944 年，农历九月就开始下雪了，天很冷。当时，刘桂生、吕辉部主要活动在泾（县）旌（德）宁（国）宣（城）四县交界的涌溪、桃林坑、云乐、板桥、塌泉、张家湾、东西坑、水牛坑一带。这一带群山连绵，丛林茂密，沟壑纵横，便于游击队隐蔽与开展活动。

这年的农历十月，班长周明火带着我、张孝来、吴小牛一行四人跑交通，护送两百发子弹和五十枚意大利造的甜瓜型手榴弹（这些弹药还是我跟随唐辉首长的游击队在绩溪的鸡公关战斗中缴获的）到宣城的新四军抗日游击支队去。他们当时人多枪多，我们皖南游击队称他们为宣大部队。这支部队的司令员是陈洪，他是 1927 年随毛主席参加秋收起义的老红军、老革命。那天，我们四人从吕辉那里接受任务，背着子弹、手榴弹，天刚断黑，就从宣城的张家湾出发，一路避开村庄，抄小路、走田埂，直奔宣城孙埠东南面的董村沟。当时我们四人各带着一支七九步枪，他们三人背的是“中正式”（当时我国自己的兵工厂造的一种步枪），我背着一支德国造的老套筒。我们往孙埠方向走，陈洪的宣大部队在那一带活动。

我们四人走到孙埠下面五里远处的一个渡口，在水阳江河西找到渡船，摆渡的老乡将我们渡到河东时，时间已经是后半夜。霜下得很大，脸上、手上冻得刺痛。但我们年轻，又背着子弹、手榴弹，所以身上的衣服虽不厚，但大家并不觉得冷。

我们翻过河堤走了不远，就遭遇了在孙埠驻扎的日军的巡逻队。班长周明火以前执行任务去过陈洪部，对这一带的路比较熟悉，他一直在前面带着我们前进。一看见对面路上走过来一队人，相距不远，周明火问了句：“谁？”对面一听，就向我们开枪，我们四人也举枪还击，我们知道是遇上了日军。双方对射了一阵。由于我们人少，又有任务在身，不能恋战，而当时已是深夜，对方也并不清楚我们的情况，所以交火不久，

吕辉（1923—1948年），生于扬州，少时积极参加抗日救亡活动。1938年春参加新四军挺进纵队，“皖南事变”中不幸被捕，后机智逃脱找到党组织，被派往皖南第一游击支队任文化教员。1943年7月，吕辉率武工队员来到泾县、旌德、宁国、宣城四县边区，开辟游击根据地，创建了以宁国板桥为中心的泾旌宁宣游击根据地，打通皖南山地与宣城抗日根据地的联系。1947年，吕辉任中共泾旌宁宣县委副书记。次年2月17日的旌德蜡烛山战斗中，不幸牺牲。

吕 辉

双方就都撤退了。这是我到部队以来第一次和日军发生遭遇战。

第二天早晨我们四人顺利赶到董村沟，见到陈洪同志，把带来的子弹、手榴弹，还有胡明同志、吕辉同志写的信交给陈洪同志。我们又在陈洪部队住了七八天，陈洪同志交给我们两万元纸币（蒋管区的货币）带回皖南游击队。因为当时我们皖南游击队相当一部分活动经费要靠宣大部队筹集。我们回到涌溪，见到刘桂生、吕辉，把带回的钱交了上去。

### 攻打双沟镇

1944年农历大年三十的前一天，雪下得很大，山里、丘陵地带的积雪很厚，都深到了小腿肚。那天夜里，吕辉同志带着我们行军，天快亮时，走到宣城一个叫毛山的地方，我们在小山洼中的一户老乡家住了一天，还从那户人家那里买了十几斤猪肉、几十斤米，借用房东家的厨房做了，部队在那里过了一个较为像样的年三十。

吃过晚饭以后，吕辉同志让分队长（排长）宋振华同志带十个人往孙埠一带到宣大部队去找陈洪同志。宋振华在那户人家里找了一位老乡做向导，带着我（当时我任四班长）四班的五个人、喻家顺（一班长）一班的五个人和吕辉他们分头行动。天黑以后，分队长宋振华带着我们往宣东的孙埠方向走。地上的雪很厚，喻家顺他们走在前面，宋排长跟我们走在后面。我当时因为“打摆子”（疟疾）发高烧，人烧得浑身没有劲，两腿软绵绵的，走不快，落在了最后面。宋振华一看我走不动，也陪我走在最后，一路照顾我。走到燕子窝村，遇到国民党顽军五十二师的岗哨，五十二师是国民党第三战区顾祝同的部队。哨兵一发现我们，就向我们开枪。喻家顺一班的五个人和向导一起向前猛冲，从村边冲过村子往前走了。村中的五十二师大队人马听到枪声，冲出村来齐向我们开火。我们四班加上排长宋振华落在后面的六个人，在敌人密集的火力下退了下来，还好没有人受伤，没有同志牺牲。排长宋振华急得冲我发火：“你怎么搞的？老

是掉队。”我说：“我浑身发冷，没劲走不动。”宋排长听了，走过来摸摸我的前额，说：“噢！你在发烧。”经过这么一次遭遇战，人一激灵，烧也很快退了，人也来了精神。宋振华说：“向导跟他们冲过去了，我们不认得路，怎么办？”我因为前几次执行任务来过孙埠一带，以前走过的路有一点儿印象，急切中也顾不得许多，就对宋排长说：“我带路，跟我走！”我带着大家绕过前面的村庄，顺着一条山岗，往孙埠的方向走。走了十几里路，在十里凉亭的地方，我们一行下山，上了宣城周王到宁国港口的大路，准备过桥。这是一条从宣（城）、宁（国）交界的白尖山流下来的一条河，河上有一座石板平桥，有三座桥墩，约有二十多米宽，桥下的水很深，桥的那边是一个村庄。

我们走到离桥约 50 ～ 60 米远的地方，宋排长让我们停下来，问我：“你怎么样？”我说：“刚才打了一仗，一跑起来，现在好了。”宋排长说：“好了就好！你到前面去看一下。”我将长枪背在背后，从绑腿上拔出插在上面的匕首，猫着腰，借着周围地形的掩护，向桥头走去。走到桥头，我蹲在桥边一块凸出的石头后面，向桥上望去，在雪光的反射下，桥上和周围的景物看得一清二楚。桥上的雪很厚，约有半尺深，夜里无人走过，雪面很平坦。桥的那头站着一个穿大衣的哨兵，枪背在肩上，两手拢在袖子中，头微微下垂，似乎像在打瞌睡。我试着站起来，桥那头的哨兵没有动，也没有问话。我走上桥面向桥的那头走去，那哨兵一直没动。走到离哨兵约十步远的地方，我一个箭步冲到他跟前，左手搂住他的脖子，右手猛力一挥，将匕首插入他的前胸。我向桥那边一挥手，宋排长带着四人一起走过桥来。我顺手将敌哨兵的中正式步枪捡起来，再仔细一看敌哨兵头上的棉帽上是“青天白日徽”，我们据此估计前面村里驻扎的也是国民党五十二师的部队。我从哨兵身上搜出四排子弹，共二十发。随后我们六人沿着大路走过村头，然后走上小路，继续向孙埠方向前进。

在丘陵上的松林中大约走了十几里路，天就大亮了，我们遇到一户人家，宋排长向这户人家借了锅灶烧火做饭吃。吃过饭，宋排长让大家原地休息又把我夜里缴来的枪拿去，笑着说：“嘿嘿！还缴了一支‘中正式’，真不错。”正好宋排长没有长枪，我就把那支枪交给宋排长用了。

在老乡家睡了一觉，起来已是下午了，继续往孙埠走。走到离大张村还有三里路的地方，远远看见大张村里的场地上有部队在集合。部队也看见我们一行人，都向我们这边张望。我们走到村头，看见喻家顺走过来迎接我们，他说：“你们一上山岗，我们就看见你们了，这边部队正准备转移，我们报告陈洪首长，说你们来了，陈洪首长就命令部队等候你们一起走。”

我们就随大部

绩溪红军战壕遗址

泾旌宁宣游击根据地板桥村

队一道，又走了十几里路，到一个村子休息，当晚在那里宿营。那天是农历的大年初一，陈洪首长吩咐部队，给我们十一个人每人发了一只光鸡、一只白鸭、一条斤把重的大鲫鱼、一斤粉丝，让我们单独起伙过新年。

第二天下午，我们又随陈洪的大部队渡过水阳江，转移到董村沟宿营。在董村沟一带，我们随大部队一起活动了七八天。正月初八前后，部队动员去打双沟。双沟镇离孙埠二十多里，有一条小街。日军在离双沟镇边三里路的一个小山岗上建了一座碉堡，周围拉有铁丝网，里面驻有十几个日本兵。伪军则在双沟镇里驻扎了一个中队。

陈洪首长带着一个特务连和三中队，再加上我们十一个人，有二百多人，晚上赶到双沟的外围。宋排长带着喻家顺等十个人和大部队一起攻打双沟镇里的伪军。我则参加宣大部队的打援，和宣大部队的五个人一道，负责警戒镇边碉堡里日本兵，防备日本兵的增援。战斗打响后，镇里枪声激烈，碉堡里的日军在黑夜里弄不清情况，也不敢出来增援，就用机枪向我们扫射，用小钢炮向阵地射击。一发炮弹正好击中我们警戒的阵地，在炮弹的爆炸声中，我顿时失去了知觉。醒来时，已经是第二天的上午。宋排长站在我身边，说：“你终于醒过来了，我们都以为你牺牲了，太好了！”他告诉我，参加警戒的战士因炮弹牺牲四人，只有我和另一位宣大部队的战士还活着，我们两人都被炮弹震昏了。

这是我参加的第二次对日军的作战。

战斗结束后，我们在宣大部队休息了三天，宋排长就带着我们背着陈洪部队给皖南游击队筹集的经费，返回宣城张家湾刘桂生、吕辉部。

## 射击日本汽车

1945年农历的正月底二月初的光景，天还很冷。吕辉带着我们泾旌宁宣游击队的三十一人，从宣城的埸泉沿着东西坑、水牛坑活动，到了河西（水阳江以西）的大张村一带，在大张村住了一天。晚上吕辉带我们过河，在离孙埠三十多里的陈门村找到陈洪的宣大部队接上了头，我们就在陈门村住了两天。

第二天的夜里，陈洪首长率部队由陈门村向南漪湖方向前进。出发约一个多小时，走到叶家湾附近，部队要穿越宣（城）朗（溪）广（德）公路，陈洪首长要大家快速通过。宣大部队是新四军抗日游击支队，平时都是以大队或中队为单位分散活动，打仗或有大的行动时才将部队集中行动。那次部队集中的兵力较多，陈洪首长带着特务连和一个大队，加上我们吕辉部的三十一人，共有五百多人，队伍刚穿越公路，就看见从宣城方向远远地开过来三辆汽车，陈洪首长命令部队立即在公路两边隐蔽，将敌人的汽车打掉。部队卧在公路两边的田野里，待敌人的汽车开到跟前，部队在支队彭海涛副政委和段大队长的指挥下，先将敌人的汽车轮胎打瘪。前后仅用了十多分钟，战斗就结束了。天快亮时，见我们的行军队伍中捆着十几个日本兵、十几个伪军随着我们一道行军，而且还缴了二十几支枪，战果颇丰。

### 攻打沈村埠

打完日本汽车，俘获日伪军，缴获武器后，部队接着行军。翻过麻姑山，走到南漪湖边的一个村子宿营。在南漪湖边活动了两天后，第三天晚上，我们随宣大部队攻打沈村埠的日伪据点。沈村埠（现在的沈村镇）的敌人有七座碉堡，修建在沈村埠镇边的小山包上。敌人为了防守，将山包周围的小土包铲平、树木砍光了，周围还用铁丝网包围，整个山包易守难攻。

陈洪首长没有让我们泾旌宁宣游击队参加攻坚，让我们在沈村埠外围通往宣城和其他地方的几个路口担任警戒，防止宣城和其他据点的日军来增援。

板桥烈士墓

战斗从头天夜里开始一直持续到第二天拂晓，战士们从老乡家找来八仙桌，上面裹上四层用水打湿的棉被，做成“土坦克”往碉堡上冲，敌人的机枪密得像下雨一样。战士们前仆后继，终因火力悬殊，再加之地形不利，我方伤亡一百多人也没有将敌人的据点攻下来。陈洪首长一见，说这样的消耗战不能打，白天对我方更不利。为了保存部队的战斗实力，陈洪首长命令部队撤退。

部队往回撤退，翻过麻姑山，到一个叫百亩塘的村子宿营。第二天夜里又撤到山里的抗日根据地董村沟。第三天晚上我们和宣大部队分手，又回到了泾县涌溪根据地。

### 杜山绞杀战

1945年农历三月底，排长宋振华带着我、汪振发、小林四人一道跑交通，从刘桂生、吕辉部，带着皖南地委书记胡明首长的信去宣大部队。我们从宁国的板桥出发，走过宣城的张家湾，从溪口村边插过，赶到河西（水阳江西边）的大张村，碰到宣大部队一中队。一中队中队长汤富林，原是我们泾旌宁宣游击队刘桂生、吕辉部的党支部书记，1944年冬天调到宣大部队一中队当中队长。熟人相见，格外亲热。当晚我们和一中队住宿在大张村。

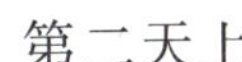

第二天上午约十点钟，当地的民兵跑来报告，说日本兵坐火车（皖赣铁路1936年已经建成通车。1937年“七七事变”日本人全面侵略中国，为了防止日军利用铁路进攻徽州和江西的大后方，国民党把宣城水东到宁国港口的铁轨拆了，当时火车可以从南京开到孙埠。现在的皖赣铁路是20世纪70年代在原来的基础上重新设计修建的）到了孙埠，正在孙埠附近的村庄抢老百姓的东西。汤中队长接到报告后，发动了当地民兵两百多人，一中队一百多人，加上我们四人，合计三百多人。我们三百多人在中队长汤富林和洪指导员、潘副指导员（洪、潘两位指导员解放战争时在孟良崮战斗中牺牲）的指挥带领下，赶到离宣城板桥不远的杜山一带，去阻击日军。行军途中，老百姓听说我们去打日军，纷纷从家里拿着大刀、长矛、火枪、农具等能上手的武器，争着跟我们去。赶到杜山时，我们的队伍已增加到四百多人。在杜山我们遭遇到出城抢劫的日军，双方发生枪战，日军见我们人多，边打边退，中午的时候，我们将这股日军包围在杜山附近的几个小山包上，与他们展开了肉搏战。

下午一点多钟，宣城方向闻讯的日军坐火车赶来增援，把我们包围了起来。

下午四点多钟，得到消息的宣大部队，集中部队赶来增援我们，将宣城来增援的日军包围起来。

晚上八点钟左右，从南京、芜湖方向增援的敌人，从外面又对宣大部队形成包围。

这样，我们和敌人都是腹背受敌，谁也不敢贸然行动。

汤中队长指挥我们与被我们包围的日军和伪军展开肉搏战，参战的战士和民兵个个奋勇争先。我亲眼看见两个民兵用洋叉架住日本兵上着刺刀的枪，另一个民兵用铁锹向日本兵的脑袋上劈去。战斗的惨烈，用语言无法表达。战士和民兵一边战斗一边高喊："中国人不打中国人！"大多数的伪军听了这话，举手投降。当天夜里，我们在汤中队长的指挥下将被我们包围的四十多个日本兵和五十多个伪军全部消灭。

一夜未睡。第二天一早，汤中队长又指挥我们对付包围我们的日、伪军。杜山一带是丘陵地带，没有大山。站在山坡上，可见敌我双方绞杀在一起，到处都是枪声、怒吼声、与敌人格斗刺刀的撞击声。我端着我的那支德国造老套筒，与宋振华排长、王振发、小林四人一道，始终跟着汤中队长的指挥部一起战斗。由于我军弹药不够充足，汤中队长和指导员一再嘱咐大家节约子弹。顽强地与敌人战斗的部队之间就互相提醒："要节省子弹，看准敌人才开枪！"

上午十点钟，战斗进入白热化阶段。日军指挥官指挥着包围我们的日军集中与我军对抗。

外围赶来增援我们的宣大部队，由于他们被从南京、芜湖赶来增援的日军包围，因此抽不出手来支援我们，外围敌我双方紧张对峙。

虽然敌我人数对比我们占优势，敌人的武器装备比我们精良，但由于当时敌我双方的战斗比较密集，作战距离拉不开，日军的小炮没有发挥上作用，一定程度上给我军赢得了优势，也减少了我军的伤亡人数。

当时我们四人和中队部在一个小山包上，与在另一个小山包上的一群敌人对峙。我们与日军在两个小山包之间的稻田里，从清晨一直打到敌人撤退，整整拼了一天的刺刀。

从早上拼到下午两点钟左右，双方互有伤亡。汤中队长对宋排长和我们四个泾旌宁宣游击队的人说："你们山里来的同志，也上去和鬼子拼一下！"我们四个人都是第一次和敌人拼刺刀，汤中队长对我说："你不是有把刺刀吗？"我这才想起我的德国造老套筒有一把带鞘的刺刀，一直挂在我腰间，从昨天上午战斗开始，一直紧张激烈，我把挂在腰间的刺刀忘了。汤中队长用激励的口吻

对我说：“小狗子，把刺刀上起来，和鬼子拼了！”听了老上级的鼓励，一股豪气从我脚底直冲脑门，全身热血沸腾，兴奋起来。当时参战的人早已把生死置之度外，大家都有牺牲的心理准备。我抽出刺刀，装在老套筒的枪尖上，解下身上背着的背包，随手丢在地上，蹲下身将自己的葛藤草鞋和老布袜的带子系紧（我们山里游击队员脚上穿的是老布袜，在山里主要是防蛇与山蚂蟥；宣大部队在丘陵平原活动，脚上打的是绑腿），然后站起身，拎起老套筒端在手上，右手拉开枪栓，看见弹槽中还有子弹，我向枪膛里推上一颗子弹，关上保险，双手端枪，走到两个小山包中间的稻田中站着。

在日军的叫声中我看见他们的阵地上站起来一个日本兵，端起三八大盖从山坡上向我冲来，我站在原地一动不动。等他冲到我跟前，我手中的枪从右向左猛力一扫，将他手中的枪打脱，然后抢上一步，把刺刀捅进他的胸膛，随即双手一拧，又把刺刀拔了出来。弯腰捡起日本兵的大盖枪，我转身向我方阵地上一扔，跨过他的尸体，仍然在田间站着。见对面阵地上又站起一个举枪的日本兵，我眼疾手快举起枪就把他射倒了。敌人的阵地上再次冲过来一个日本兵，我端了枪也向他冲去。两人刚一交手，日本兵举枪用刺刀向我的刺刀挑去，我用力将手中的枪把他的枪尖往右下一压，顿时两人的臂膀撞在了一起，两人的刺刀也绞在了一起。我的枪在上，压着敌人的枪，敌人的枪用力往上挑，我手中的枪用力往下压，谁也不敢松手，谁都知道松手必死无疑。

我与敌人势均力敌，我心想必须在力气耗尽前尽快解决他。于是我冷不丁转头，猛力一咬敌人的右耳。他痛得头一甩，手中往上挑的枪松了。我乘机用左脚将日本兵的脚一勾，左肩膀将他用力一撞，撞得他脚下打趔趄，然后我顺手把枪往左一刺，刺刀从敌人的右肋下刺进胸膛。我捡起敌人的三八大盖枪，回到我方阵地，发现我的内衣全被汗水湿透了。战士们相继去和敌人拼刺刀。汤队长在连续消灭了好几个日本兵后，英勇地牺牲，他牺牲时，手中始终握着刺刀，保持着战斗的姿势，让人敬佩。

战斗一直持续到黄昏，西边的太阳挂在天边，泛着紫红色的光芒，我们只听见敌人阵地上响起了哨声，敌人有秩序地互相掩护着，撤退了。

那一仗，我们共牺牲干部、战士、民兵七十多人，还有近一百人负伤。共消灭日伪军一百三十多人，其中日军八十多人，还俘虏了一部分伪军。我所熟悉的首长中一中队长汤富林牺牲，大队长向阳（真名张禾，后在解放战争中牺牲）被日本兵的机枪击中，负了重伤。我自己也因为和日军拼刺刀时用力过度，受了内伤，吐血吐了半年多，后来到涌溪根据地养伤养了两个多月才好。

战斗结束以后，我们参加完战评，排长宋振华又带着我们四人背着宣大部队为皖南游击队筹集的款子，于第二天晚上赶回泾旌宁宣游击队。

中央红军经过的第一个渡口——于都河

# 我送红军过『长征第一河』

口述/李声仁　整理/张春梅

我1916年出生于江西省于都县于都河的一艘渔船上。家里祖祖辈辈都是渔民，在岸上没有房屋、田地、山林。我跟着父母以捕鱼为生，常年漂泊在江河上，尝尽人间辛酸。

十月里来秋风凉，
中央红军远征忙。

1934年10月，中央直属机关第一、二野战纵队和红军主力第一、三、五、八、九军团共八万余人集结于都河南岸，准备渡过于都河，进行长征。1934年10月16日，我和父兄等人正在于都河的鲤鱼潭河段撒网捕鱼时，几位红军招呼我们把船撑到岸边，对我们说："我们有大批队伍要在晚上渡过河去打国民党军，想请你们帮忙渡河。"当听说是自己的队伍要渡过河去打"白狗子"，我们心里高兴极了，二话没说，当即答应下来。

下午5点，我和父兄等人就把十几条渔船撑到鲤鱼潭河段的南岸。6点左右，红军官兵分批依次登上了渔船。我和妻子同撑一条大渔船。我在船头撑，妻子在船尾撑。六百米宽的于都河水流湍急，波涛汹涌，尤其在晚上，必须全神贯注，奋力撑船，稍不注意就会翻船。当我们把这支红军队伍全部送过河时，已是凌晨四点多了。

第三天，又有一批红军队伍要渡河，我和父兄等人从晚上七点钟开始，将一船又一船的红军官兵送过河去。当时，由于情况十分紧急，我们一直没有休息，直到凌晨 5 点才把红军全部送完。虽然这时我们个个累得骨头像散了架似的，但心里却充满了自豪与喜悦。当时，我们也不知道送的是哪支红军队伍，后来才知道他们是红军中赫赫有名的左翼后卫红五军团第十三师。

红军渡河不久，国民党军队就占领了于都，疯狂地搜捕送红军过河的船工。为了躲避国民党军队，我们远走他乡，隐姓埋名常年漂泊在江西泰和县、万安县、赣江十八滩一带。

中华人民共和国成立后，党和政府没有忘记我们。政府千方百计，费尽周折，终于把我们找到，成立了渔业合作社。如今，我四代同堂，享受着天伦之乐，过着幸福的生活。

每当回首这段往事，我心里激动不已。“没有党和政府，就没有我们的今天，我打心眼儿里感谢党，感谢政府，愿军队和人民永远保持鱼水之情。”

# 红军向父亲借过米

口述 / 向传菊　整理 / 宁教兰　王梅芳

苏维埃政府时期的红军借谷证

目前存世的红军借谷票证主要有三种类型：一是“中华苏维埃共和国红军临时借谷证”，上有毛泽东、林伯渠、项英、张闻天、陈潭秋等人签章；二是“中华苏维埃共和国临时中央政府临时借谷证”，盖有邓子恢和中华苏维埃共和国临时中央政府财政人民委员部印章；三是“中华苏维埃共和国借谷票”，盖有陈潭秋印章。这些红军借谷票均为木刻版或石印印刷，棉麻纸、毛边纸或宣纸质地，面额有干谷十斤、五十斤和一百斤等，图案纹饰设计都包含着浓厚的革命色彩。如“中华苏维埃共和国红军临时借谷证”背后为中国地图，图中央有中国共产党党徽图案，表明了红色苏维埃政权的性质。

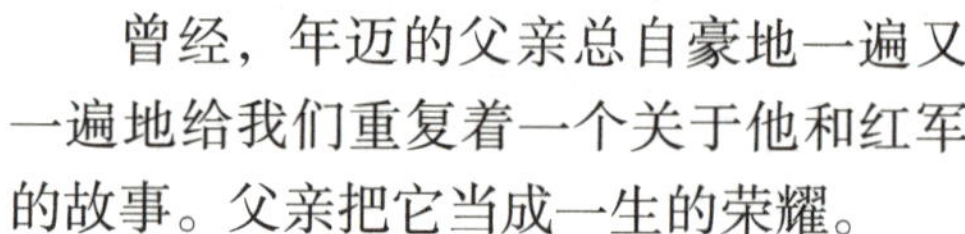

曾经，年迈的父亲总自豪地一遍又一遍地给我们重复着一个关于他和红军的故事。父亲把它当成一生的荣耀。

那是 1935 年 12 月 12 日的早晨，年过六旬的父亲正在田埂上给地主家放牛，忽见远处走来两个兵，一个背步枪，一个背大刀。怕是抢牛来的吧？父亲牵着牛就要跑，无奈牛不争气，吃着嫩草死活不动。眼瞅着俩兵已越走越近，“老伯，您别怕，我们是红军，是贺龙领导的工农红军，是咱农民自己的队伍。”操着浓浓外地口音，边说两人已经走到父亲的身边。自称红军的两位战士二十当头，打着绑腿、穿着草鞋，虽瘦而黑，但双眼都炯炯有神。“老伯，我们没别的意思，只是长征路过这里，粮食吃光了，想与你们借两百斤大米。”边说着，其中一人边从口袋里掏出盖有“贺龙主席中华苏维埃湘鄂川黔边区政府”印章的借条。胆怯的父亲因为怕牛被抢走而赔不起一直不敢出声。两位红军战士以为父亲听不懂，便不厌其烦地伴着手势向父亲解释了一遍又一遍。许久，父亲感觉他们似乎并无恶意，与以前碰到的兵不一样，于是回答道：“我哪有那么多米借？这里的老百姓平时都拿红薯充饥。”见父亲开口了，两位红军很高兴，和父亲聊了起来，大概就三层意思：一是红军借米有边区政府的借条，可抵公粮；

二是一家凑不到两百斤，可以多凑几户；三是他俩饿了，想吃饭，但不白吃，有红军纸币和粮票。

父亲把他们领回了家，他们一进家门见着母亲，便一个劲儿亲热地“大娘、大娘”叫开了。大哥、二哥以及院子里的年轻人被国民党抓壮丁、抓挑夫抓怕了，都已躲进背后的山里。父亲向母亲说明了一切后，母亲便忙活开了，盛花生、煮红薯，还炒了一盘自家半年也吃不上一回的辣椒炒小鱼虾，两位红军战士吃得非常愉快，还不停地点头道谢。吃完后便掏出红军纸币五百元和边区政府粮票一斤，母亲执意不要，他们就给压在碗底下。趁两位红军战士吃饭之际，父亲已向隔壁的几户邻居说明情况，凑了两百多斤谷子。听说是红军，邻居们没有一个含糊的，都是倾其所有，还把躲在后山的年轻人叫回来碾米。等到把两百斤米碾好，已是午夜过后，等大家一起把米送到红军歇脚的和康祠堂时天已大亮。可红军部队却早已集合往怀化方向行进，墙上留言让两位红军战士迅速追赶部队。于是言谢的话说尽之后，两位红军战士把两百斤米原封不动地退还给了乡亲们，追赶部队去了。

粮食虽然没有借成，但是红军经过此地跟当地老百姓结下了深厚情谊。父亲讲述红军的一言一词都饱含着对红军的怀念和崇敬。我们也为百姓有一支这样的部队而感到骄傲自豪。

石壕的“红军桥”

# 血洒石壕

文 / 张向东

重庆綦江石壕镇苗儿山麓，一座18.5米高的红军烈士纪念碑巍然屹立。

纪念碑四周，松柏苍翠，五位红军烈士的忠魂烈骨长眠于此。

他们当中，有遭敌残杀的司务长，也有因重伤牺牲的普通战士。七十五年前，他们的鲜血洒在了这片红色的土地上。

1935年1月22日清晨，连日阴雨过后的石壕镇茅坝坪被雾气笼罩着。一片空地上，一位红军司务长命在旦夕，被割下舌头的嘴里漫着鲜血。

酒足饭饱的敌兵见已不可能拷问出什么情报，就拔出手枪朝着司务长的胸部射去。

经受敌人连续二十多个小时酷刑折磨的司务长英勇就义，在石壕留下了一段催人落泪的英雄故事。

此前一天的中午，红军大部队由贵州向石壕行进。

当部队行进十多公里后，一些战士突然记起忘了归还借用的老百姓的碗筷。

首长指示，立即派一名司务长带两名战士前往农户家归还。如果不及时归还这些物品，就破坏了红军“不拿老百姓一针一线”的铁的纪律。

于是，司务长和两名战士原路折回，挨家挨户归还借用的物品。

然而，他们的踪迹不幸被敌军残部发现。见红军大部队已经撤离，十多名敌人向司务长三人发起了疯狂进攻。

三人势单力薄，战斗了半个多小时后，一名红军战士被敌军子弹击中，当场牺牲；另外一名战士也连中两弹，身负重伤。

眼看快被敌军包围，司务长连忙掩护负伤的战士追赶大部队，自己却不幸落入敌手。

连连溃败的敌人好不容易抓到一名红军战士，便一窝蜂地将司务长按倒在地，一顿拳打脚踢之后，要他交代红军

石壕红军烈士墓

的行军路线等情报。

司务长根本没把这些敌兵放在眼里，他怒视敌人，任凭施暴。

“好，我看你嘴有多硬，给我用‘搬地均’来收拾他！”敌军班长赵汉阳咆哮起来。

敌人将司务长绑在一块杀猪用的条石上。这块两米多长的条石两侧各有一个酒杯大小的孔，敌人用绳子将司务长反绑在条石上，再将他的脚也捆住，双臂扭到身体之下。

这就是“搬地均”酷刑。被酷刑折磨的司务长不仅不能动弹，嘴也合不上。

“快说出行军路线！”几个小时后，从饭馆喝酒回来的敌军班长将司务长松绑，继续审问。

“不知道！”饱受摧残的司务长依然坚定地说。司务长的毅力远远超出敌人的料想，这可惹恼了他们，于是，一个个酷刑开始轮番上阵。

敌人先把他捆到条石上，将石灰水灌进嘴里；见不奏效，便开始“踩扛子”——用扁担撬开两条小腿；天黑时，匪徒又用“穿心杠子”将司务长抬到茅坝坪，一路上，司务长的手脚被扭曲捆在腹部……

折磨了一夜，穷凶极恶的敌人在得不到任何情报后，竟然残忍地割下了司务长的舌头，然后将他杀害。

敌人一走，几位农民含着泪将司务长的尸体安葬。从此当地的百姓更是铁了心去帮助红军。

多年以后，当地政府将司务长的遗体迁移到石壕镇红军烈士墓，以纪念这位坚贞不屈的英雄。

綦江石壕的红军烈士纪念碑

# 援西红军在我家

口述/田德林　整理/田志刚

1936年农历腊月的一天傍晚，我们一家人正准备休息。忽然听见一阵急促的狗叫声，随后就听见有人叫门。我急忙提上马灯去开门，见三位背枪的陌生人站在门前，我吓了一跳，正准备问明来历。那三人中一位当官模样的人说："老乡别怕，我们是做生意的，路过这里，想在你们家里住一夜，请行个方便。"我听他们操外地口音，不敢贸然收留，就去告知已睡的父亲。父亲听说后起床与我一同来到门前，那三位求住者见我叫出了家中掌柜，那当官模样的人附在父亲耳旁道出了他们是红军。父亲先是一怔，转而喜悦地让他们进到家中。被两名战士称作杨连长的人对父亲说："老田，我们已经打听过你的为人处事，你是个大度厚道的人。我们是共产党领导下的红军队伍，为老百姓打天下的，请你们不要害怕。"父亲是个走南闯北的人，见过世面，事前也听说过国民党政府对红军的反动宣传。如今，红军就站在面前，并不像反动宣传中说的那样，他们身上虽然穿着破旧，但待人客气，态度和蔼。于是，父亲就打消了疑虑，边递烟倒水边说："不怕，不怕。"说着，忙叫家里人为客人准备吃喝。不一会儿，我妻子端来饭菜，父亲热情地招呼他们吃饭，还拉起了家常，早已消除了恐惧紧张的气氛。半夜里，两名战士出门去了，只有杨连长住在家里。第二天拂晓，狗叫声不停，门前传来杂乱的脚步声。我从睡梦中惊醒，打开门一看，顿时惊呆了，满院全是红军，战士们穿着破旧，头上戴的帽子绣有红五星，说话南腔北调，牵拉的战马也很瘦。我当时虽然在固原中学读书，但由于年轻涉世不深，心中还是十分害怕。父亲倒是里出外进，应酬自如。我清楚地记得，当时到我家的红军一共有九十五人，领兵的姓白，战士们称他白营长。

西路军烈士纪念碑

红军到我家的时候快要过年了，家中正忙。红军的到来使我们忙上加忙，当时全家人几乎把全部的精力都放在接待红军上。父亲吩咐家人腾出几孔窑洞来，扫地烧炕，寻板支床，炕、床不够用的就在窑内地上铺着麦草，供红军战士居住。时值寒冬腊月三九天，西北风卷着雪花，天寒地冻。红军战士穿着都很单薄，大多穿着圆口黑色布鞋，没有棉衣、棉鞋御寒过冬。父亲就让家人找出毛毡、皮袄、被褥等一切能铺盖用的东西供红军使用，还把自己住的窑洞让出来给白营长和杨连长等几位干部居住。他们所住的窑门口有战士站岗，窑内桌子上摆放着无线电台，不时发出嘀嘀嗒嗒声。

白营长、杨连长和战士们都很亲热地称父亲“老田”，让他进出随便，如对待自己同志一般。红军在我家居住期间，起得早睡得晚，纪律严明，从不随便拿家里的东西，使用过的什物就放回原处，还经常帮助我们担水扫院，家里的活抢着干，还让卫生员给帮工的小孩看病。时间长了，大家彼此都熟悉起来。我和父亲帮助红军料理外面的事情，东奔西忙。我妻子韩正英当时身怀有孕，仍每天帮红军烧水、做饭，有时还缝缝补补，忙得不可开交。年纪小一点的红军战士称她“大嫂、大姐”，年龄大一点的战士叫她“小妹”。一个农村的妇道人家，没见过大世面，对这样的称呼她还觉得怪不好意思呢。

红军的到来，给本来就有十几口人的大家庭增添了更大的生活负担。一下子添了这么多人吃饭，实在是应酬不过来。不是没粮吃，只愁做不出来。家里的两盘驴拉石磨整天不停，只换驴不停磨。男人主要帮红军铡草喂马，女人负责拾掇粮食、推磨、碾米。家里的柴火不够用，就派人赶着马车、毛驴到百里之外的银洞子拉煤炭供红军炊用。尽管如此，一切都还是很紧张，供应不及。我家光景当时在本地虽好，但吃的主要是秋粮，如小米、黄米、荞面、莜麦面等，麦面不是主食；蔬菜大都是家里腌制的咸白菜、酸菜、萝卜菜、咸韭菜等。红军一日三餐，早晨天不亮就起床喝米汤、吃蒸馍，中午一般吃黄米干饭和土豆等烩菜汤，晚上大多吃荞面饸饹（一种用荞麦面做的地方小吃），有时也吃白面条。红军走南闯北、行军打仗是从艰苦中过来的，从来不挑食，做啥吃啥，很好招待的。过年时，为了给红军改善伙食，家里杀了两头猪、十几只羊，使多为南方人的红军战士，在我家度过了一个具有北方风味的传统节日。红军干部、战士很高兴，与我们一家的关系更亲密了，他们都夸父亲是个好人。过春节时，我到甘家沟给表兄王连英拜年，发现他家也住有红军，虽然没我家的多，但也有不少人。我这才知道，周围还住有红军。

过春节后，白营长就与父亲商议，让我们再想点办法，以解决眼前的困难，并试图做父亲的统战工作，要他筹措一些供战士们化装外出侦察敌情和搞地下工作使用的东西。父亲是个明白人，爽快地答应了。他派人赶着毛驴到固原、平凉购回了四口系带锅、六口大缸、三块杏木案板、两个面柜和上百个碗碟，供红军使用，还帮红军购回一些笸箩和日用小百货，诸如针头线脑等一些农村常用的东西。这些东西购回后，白营长就组织战士们化装成老百姓，有的担着筐篮，有的背着包袱，有的牵马驮着羊皮，全都扮成串乡的小货郎和过往的皮货商。那些日子，红军每天天不亮就起床，吃过早饭，或独自一人，或三三两两地分头外出活动。有的当天很晚才回来，有的几天才返回一次。他们早出晚归，是经常的事。后来，才听父亲说，他们出去大多以做生意为掩护，到城子杨家、白杨城、草庙子、王家洼子、石家沟口、峁家堡子、店子洼一带，远到三岔、环县、毛渠井、镇原和固原等地走乡串户，侦察敌情，筹集粮秣，收集有关情报，接收西路军突围失散归来的人员。

红军在我家前后住了近三个月。时间久了，父亲的为人深得红军的信任。一天，白营长拉着父亲的手说："老田，这些日子，我们确实给你家增添了不少麻烦。经过交往、共事和考验，你是一个信得过的人，为红军做出了很大的贡献，我们已接收你为自己的同志。随后或者等将来革命胜利了，我们会派人和你取得联系，党和人民是不会忘记你们的。"自此，红军就称父亲为老田同志。

当时我妻子不懂，还偷偷地问我"爸明明叫田兴旺，红军为啥叫他'同志'？"我给她解释说："同志是他们内部的称呼，就是志同道合的意思。红军把爸当成自己人了。"

3月初，住在我家的援西红军出发前，他们在墙上刷写了标语，宣传共产党、红军的政策和政治主张，动员当地青年参加红军。为了欢送红军，家里杀了几只羊、一头老牛，来慰劳红军。父亲高兴地说："红军就要走了，咱们好好地招待他们一下。"家里人像过节待客一样，做了十桌当地待客最高礼节的"十全席"。父亲还拿出白酒、黄酒、蜂糖酒给红军战士喝。席间，父亲和白营长分别讲了话，并称这顿饭为"五湖四海饭"，还燃放鞭炮，助兴为乐。这天，大家都很高兴，有的战士与我们建立了友情，离开时依依不舍。红军走时，父亲还送给他们马一匹、驴三条、锅两口、军粮十余石及部分草料。白营长就将半张用毛笔书写的黄纸交给父亲，上面大概写着"经考验，田兴旺是个诚信老实的人，并为红军做出过重大贡献，决定接收为中共党员"等内容，还盖有"中国工农红军第二十八军政治部"的四方大红印章和白营长、杨连长的私章。白营长拉住父亲的手一再叮咛："老田，你现在已是党的人了，将来为党还要做更多的事。这个党证是你的荣誉，也是红军在你家住过的凭证，一定要秘密地收藏好，任何时候都不能让敌人发现，更不能随口向别人提起此事。一旦被敌人发觉或走漏风声，你就会遭杀身之祸。一定要细心、谨慎，等将来革命胜利了，你只要拿出这个党证，家里就会受到共产党政策的照顾。"

红军走后的十多年，国民党部队、地方自卫队和马家队伍，三天两头地到庄上、家里催粮要款，父亲唯恐党证被查出，情急之下，就藏到牛圈窑的墙壁缝中，然后用泥砌好。时间久了，党证因墙皮脱落而遗失。1951 年，解放军代表和工作组来我家调查核实情况，工作组的人问父亲：“经我们调查，你们家当年住过红军，为革命曾做过贡献。红军留下证明没有，请你拿出来，帮我们核实，当地政府会给你家适当照顾的。”我和父亲向工作组讲明了红军当年在我家的一切情况，然后到牛圈窑里墙壁缝中去找红军留下的党证，几乎把墙皮全铲了，最终还是没有找到……

如今，事情已经过去几十年了。我经历了新旧两个社会，切身体会到还是共产党领导下的新社会好。就拿现在来说，吃穿不知比过去好了多少倍，真是点灯不用油，耕地不用牛，楼上楼下，电灯电话。天上飞的，地上跑的，过去连想都不敢想，如今在共产党领导下全实现了。

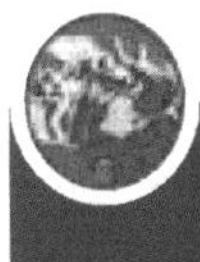

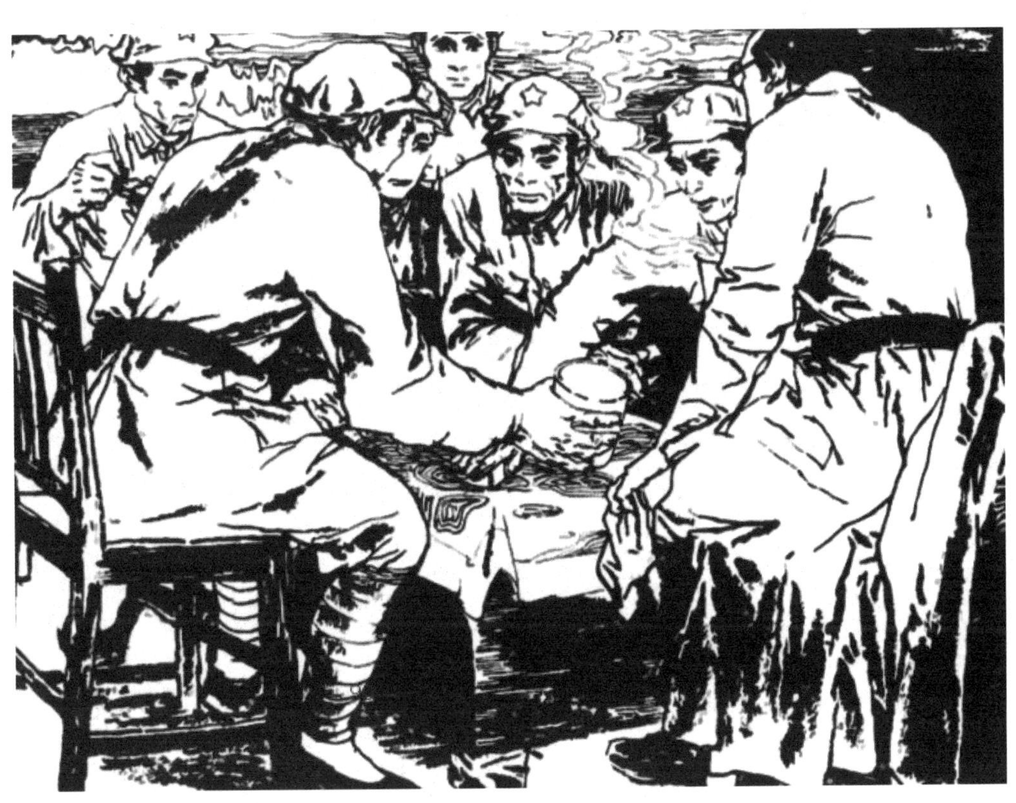

# 战斗中的新媳妇儿

文／刘战平

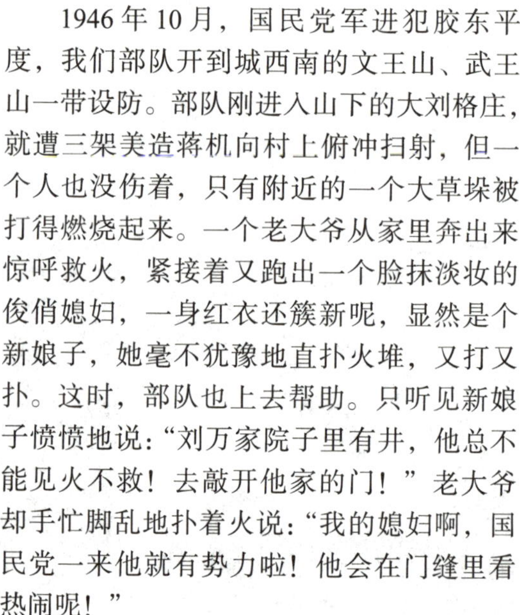

1946年10月，国民党军进犯胶东平度，我们部队开到城西南的文王山、武王山一带设防。部队刚进入山下的大刘格庄，就遭三架美造蒋机向村上俯冲扫射，但一个人也没伤着，只有附近的一个大草垛被打得燃烧起来。一个老大爷从家里奔出来惊呼救火，紧接着又跑出一个脸抹淡妆的俊俏媳妇，一身红衣还簇新呢，显然是个新娘子，她毫不犹豫地直扑火堆，又打又扑。这时，部队也上去帮助。只听见新娘子愤愤地说：“刘万家院子里有井，他总不能见火不救！去敲开他家的门！”老大爷却手忙脚乱地扑着火说：“我的媳妇啊，国民党一来他就有势力啦！他会在门缝里看热闹呢！”

这时，一个军人挺身而出，喊着：“敲门去！救火要紧！”这是我们的一班长林学信。后来门打开了，提来了水，救熄了火。老大爷和新媳妇都向林学信道谢，可是林学信连讲几句客气话也来不及，就跟着部队跑步上山了。

文、武王山一仗打得很惨烈，战士们和敌人拼刺刀、手榴弹，甚至抡起洋锹、铁镐与敌人展开肉搏，后来，部队在一排

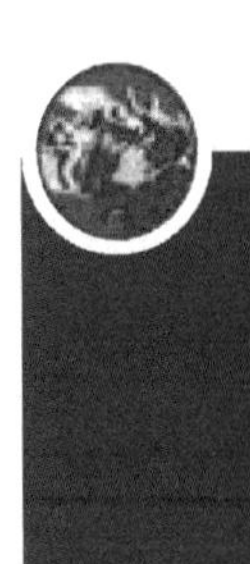

的掩护下转移了，可是排长和林学信等同志都没有回来，部队为这些烈士开了追悼会。

谁知道过了二十多天，林学信忽然笑嘻嘻地回来了，还带来一位参军的青年农民。大家喜出望外，都围住林学信问长问短。

“排长是牺牲了，我当时却被打昏了过去。刚一醒来，敌人正从我身边踏过去，有个军官还搜我的身想发洋财呢！我只好装死。天慢慢地黑了，我身边只有敌人和我们同志的尸体，我爬起来看看同志们的脸，心里又痛又恨。我的腿伤了，不能走路，于是揣着两颗手榴弹，向大刘格庄爬行。”

林学信说着忽然笑了起来，向我说：“指导员，平时我看到蜗牛爬，就替他着急，可是我却像蜗牛似的爬了一回，也真巧，你猜爬到哪里了？就是那天火烧的草堆那里。爬着走，怪难受的，爬进草堆，我已经累得筋疲力尽，棉衣被汗水浸湿了，冻得我缩做一团。我正向那家贴着大红双喜字的门望着，门忽然开了，那个新媳妇走出来取草做饭。她一拉草见了我，像针扎了似的倒退一步，低声问，‘你是什么人？’我说，‘你想想看，是谁帮你家救火的？’她立刻想了起来，咬了咬嘴唇，说，‘同志，这里太冷，不安全，快到我家去。’我便由她扶着，走进她家，又转进一间内室。她急忙把房门关了，上了闩，扶我到炕上。我一看，可犯了难，这是新媳妇的新房呀！我这么个年轻的大兵住在这里算什么？万一敌人来搜查呢？她好像猜到我的心思，急忙轻声说，‘不用担心，同志，我把你的军衣脱下来藏好，敌人来了，我就说你是我丈夫，上山种地被枪弹打伤的。’‘那你丈夫呢？’我问。她说，‘是民兵小队长，上山打游击去了。’‘那你得先给你家人讲一声哪！’我说。她却说，‘不行，我过门不久还不了解公公婆婆的脾气，虽然他们年纪大了，很明事理。同志，不用怕被他们发现，俺这个地方有个规矩，公公婆婆通常不进儿媳的房！’我听了却更加为难了。看来，她还得跟我住一间房呢！不是我封建，我是怕她受连累有口难辩。我说，‘那你丈夫要是知道了，他……’新娘子却很有把握地说，‘我丈夫就会知道的，他们和村上还有联系呢！’我一听高兴了，‘那你能不能想办法找到你丈夫呢？他可能知道我们部队的下落，我的伤不太重，我可以早些走。’她听了连连点头。我又郑重地说，‘你若见了你丈夫，就把我的情形告诉他，对他说，咱们都是受穷的人。你听说过这话吗……’新娘子抢先说，‘天下穷人是一家，对不对？’我点点头，‘穷人是最有良心的，我们共产党八路军谁也不能做坏事。’新娘子一听，腼腆地笑道，‘同志呀！你原来是这么细心的人！我的事你可不必操心，我丈夫，我知道他，他也知道我……’

“晚上，新媳妇把被子盖在我身上，自己缩在一旁和衣睡了。我醒来把被子盖到她身上，再醒来时被子又盖回我身上了。我又不能和她太推让，根据我们的共同协定，因推让而争吵是绝对禁止的，一切要听她指挥。天冷，她只好烧炕。第三天，她公公在房门外面问道，‘媳妇你这几天怎么啦，总是用这么多的草柴烧炕？’我一惊，新媳妇却开口答道，‘爹，我身子有点不舒服，夜里头总是冷得睡不着觉。’婆婆在外面接言，

‘怪不得这几天孩子的面色有点发白，都是坏人把孩子惊吓的！’媳妇道，‘等八路回来就好了。’公公想起了自己的儿子忧虑地说，‘指望他们回来啊，娃在山上也不知咋样了。’

“我生怕被发现，好在房子暖，新媳妇每天偷偷煮鸡蛋给我吃，替我换敷料，很快伤势渐渐好转，我能够在房里轻轻走动了。新媳妇看着我笑了。

“一天深夜，新媳妇轻轻地对我说，‘国民党又向北开走了，地主恶霸组织起来在村里横行霸道。我丈夫说，一有机会就回家来送你走。’我一听，高兴极了，说，‘你真是个好姊妹啊！我这辈子忘不了你的恩。’正说着，有人轻轻敲房门，我急忙藏在门后，新媳妇把耳朵贴近门缝一听，就把门开了，小声高兴地说，‘我们正等你呢！’

“原来是她丈夫回来了。小伙子长得挺结实，漂漂亮亮的，你们看见的，就是跟我来参军的这一位，他还一定要求在我的班里工作呢！”

这件事，已经过去了好多年，现在是和平年代，但是在战火岁月，有这样一支军队能得到老百姓的信任和保护是多么的珍贵啊。在我的有生之年，把它作为一个故事留给儿孙们，权当是一种纪念吧！

（本文摘自《老同志之友》）